Albert Biesinger · Edeltraud und Ralf Gaus

# Hört Gott uns, wenn wir beten?

ISSEN WOLLEN

Albert Biesinger / Edeltraud und Ralf Gaus

# Hört Gott uns, wenn wir beten?

HERDER

FREIBURG · BASEL · WIEN

Das Gebet von *Antje S. Naegeli* auf Seite 21 ist entnommen aus:
Anjte S. Naegeli, Die Nacht ist voller Sterne. Gebete in dunklen Stunden, Freiburg i.Br. 2009.

Der Text von *Elie Wiesel* auf Seite 29 ist entnommen aus:
Elie Wiesel, Macht Gebete aus meinen Geschichten, Freiburg i.Br. 1986.

Das Gebet von *Andrea Schwarz* auf Seite 45 ist entnommen aus:
Andrea Schwarz, Du Gott des Weges segne uns. Gebete und Meditationen, Freiburg i.Br. 2008.

Der Textabschnitt zu den Heiligengebeten (Seite 70-72) ist leicht verändert entnommen aus:
Albert Biesinger, Julia Münch, Friedrich Schweitzer, Glaubwürdig unterrichten. Biographie – Glaube – Unterricht, Freiburg i.Br. 2008.


www.herder.de

Gesamtgestaltung:
Weiß-Freiburg GmbH, Graphik & Buchgestaltung
Umschlagmotiv: © istockphoto.com
Fotos im Innenteil: © photocase.com (6 corneliao,
8/9 daniel.schoenen, 22/23 daniel.schoenen, 36/37 josuae,
46/47 akai, 56/57 daniel.schoenen, 78/79 s11)
© Stefan Weigand, Freiburg (67)

Herstellung: fgb · freiburger graphische betriebe
www.fgb.de
Gedruckt auf umweltfreundlichem,
chlorfrei gebleichtem Papier
Printed in Germany

ISBN 978-3-451-31563-3

Inhalt

## Vorwort

Kinder sind offen und wissbegierig und wollen – auch die religiösen – Zusammenhänge der Welt kennen und verstehen lernen. Sie begreifen vieles intuitiv. Aufgrund ihrer Sensibilität finden sie Spuren Gottes in der Welt und fragen danach. Sie konfrontieren Eltern mit religiösen Fragen und fordern sie auf diese Weise heraus, ihre eigene Gebetspraxis neu zu überdenken oder sich überhaupt einmal mit dem Gebet und Gott auseinanderzusetzen.
Wenn Eltern mit ihren Kindern beten, suchen sie in Leid und Freude alltagstauglich den Kontakt mit Gott, der Schutz und Begleiter für die Familien ist. Dabei kommt Vertrauen und Zugehörigkeit zum Ausdruck. Das eigene Leben wird in Beziehung mit und in Gott gesehen und gebracht. Dies zu erfahren und zu erleben ist für Kinder ebenso beruhigend und entlastend wie für Erwachsene.
Dieses Buch will Sie anstiften, gemeinsam mit ihren Kindern direkt mit Gott zu sprechen, und Ihnen bei Fragen und Zweifeln Hilfestellung und Rat geben.

*Tübingen, Pfingsten 2009*

*Albert Biesinger, Edeltraud und Ralf Gaus*

# 1. Von Gott, mir und unserer Beziehung

*Ralf Gaus*

# Warum beten wir eigentlich? Was darf ich Gott sagen? Hat Gott Ohren, damit er mich hören kann?

## Das wissen wir dazu

Wir Menschen sind nicht nur fähig zu sprechen, sondern wir haben auch das Bedürfnis es zu tun. Wir wollen uns anderen mitteilen, mit ihnen reden und sie so an unserem Leben teilhaben lassen. Wer kleine Kinder hat, weiß das: Kaum ein Baum, ein Stein auf der Straße oder ein Vogel am Himmel bleibt von ihnen unkommentiert; die Worte brechen geradezu aus ihnen heraus. Sie möchten erzählen, was sie sehen, denken und fühlen. Bei Erwachsenen ist es ähnlich. Wenn es uns gut geht, dann möchten wir alle teilhaben lassen, damit sie sich mit uns freuen und mit uns lachen. Und wenn es uns schlecht geht, entlastet und hilft es uns, wenn wir anderen unsere Sorgen erzählen können und so Trost erfahren.
Über das Reden kommen bzw. bleiben wir mit anderen in Kontakt. Das beginnt mit der Begrüßung und endet mit der Verabschiedung. Reden verbindet uns Menschen – auch dann, wenn wir miteinander streiten. Erst wenn wir nicht mehr miteinander reden, ist das Ende unserer Beziehung gekommen.
Wie ist das aber mit Gott und unserer Beziehung zu ihm? Nach jüdisch-christlichem Verständnis stehen wir in der Gottesbeziehung, es besteht also eine enge Beziehung zwischen Gott und uns. Dies wird bereits am Beginn der Bibel deutlich: Gottes erste Worte er-

schaffen die Welt. Und der Evangelist Johannes beginnt sein Evangelium mit dem Satz: «Im Anfang war das Wort» (Johannes 1,1). Von Anfang an stehen wir Menschen unter dem besonderen Zuspruch Gottes, dass er uns nahe ist. Wir sind nicht einfach ein Zufallsprodukt, sondern von Gott selbst gewollt, als sein Abbild, («Lasst uns Menschen machen als unser Abbild», Genesis 1,26). Jedem von uns schenkt er das Leben. Dass Gott uns weiterhin durch dieses Leben begleitet, verheißt er uns deutlich mit seinem Namen Jahwe, der «Ich bin der Ich-bin-da» bedeutet (Exodus 3,14). Daher können wir mit Gott immer und überall ins Gespräch kommen. Das Besondere ist hierbei, dass nicht wir Menschen das Gespräch mit Gott «zustande» bringen müssen, sondern dass Gott eben schon den ersten Schritt getan bzw. das erste Wort gesprochen hat. Wir stehen immer schon in Beziehung mit ihm.
Ihren Höhepunkt findet die enge Beziehung zwischen Gott und der Schöpfung in seiner Menschwerdung in Jesus Christus. Gott selbst wird Mensch! Er wird geboren, lebt und stirbt wie wir. Indem er dieses Leben geteilt hat und Jesus von den Toten auferstanden ist, hat er die Menschheit erlöst. Gott begegnet uns in Jesus als Mensch, der unser Leben kennt und den wir ansprechen können. Er steht also nicht neben oder über der Welt, sondern in direkter, liebender Beziehung und Kommunikation mit ihr – und mit uns. Gott ist den Menschen nahe und ist für sie erfahrbar.
Diese Erfahrung bildet die Grundlage für alle Gebete – früher wie heute. Oft ist sie in der Bibel beschrieben. Die Betenden im Alten und Neuen Testament gehen davon aus, dass sie mit Gott in direkter Beziehung

stehen, dass er ihnen zuhört und sich ihnen zuwendet. Deshalb kann der Betende etwa sagen: «Ich rufe zu Gott, ich schreie, ich rufe zu Gott, bis er mich hört» (Psalm 77,2) oder «Höre, o Gott, mein lautes Klagen» (Psalm 64,2). Auch Jesus betet in dem Wissen, dass das Reich Gottes angebrochen und Gott selbst nahe und erfahrbar ist. In der Nachfolge Jesu können heute auch wir Gott als «Vater» ansprechen und entsprechend «Vater unser» beten. Auch wir können auf die Geborgenheit und Liebe Gottes vertrauen und darauf, dass wir uns zu jeder Zeit an ihn wenden können. Gott, der uns geschaffen hat, kennt uns; und wir können uns ihm anvertrauen, ihn teilhaben lassen an unserem Leben mit unseren Sorgen, Nöten und Ängsten, aber auch mit unserer Freude und unserem Lachen. Wenn wir beten, antworten wir also auf Gottes Zusage.
Im Gebet drückt sich aber auch unsere gesamte Gottesbeziehung aus. Es versteht sich nicht als Monolog des Betenden oder als Selbstgespräch. In der Beziehung zu Gott ist es wie in anderen Beziehungen auch: Wenn mir jemand besonders wertvoll ist, dann suche ich die bewusste Nähe zu ihm. Ich möchte mit ihm sprechen und mit ihm verbunden sein, aber eben auch hören, was er mir zu sagen hat. Deshalb gehört zum Gebet ebenso die Haltung des Hörens. Es geht darum, sensibel zu werden für Gott, für seine Spuren in dieser Welt und in mir. Gott zu erfahren braucht Ruhe, braucht die Auseinandersetzung mit mir und anderen, mit der Natur und den Erfahrungen, wie sie schon in der Bibel niedergeschrieben sind und wie sie uns heute noch begegnen. Daher betet der gläubi-

ge Jude täglich das «Sch'ma Israel!» – «Höre Israel!» (Deuteronomium 6,4). Aus dieser Haltung des Hörens kann dann das Gespräch mit Gott erwachsen. Beten bedeutet nicht nur zu bitten und zu danken, sondern auch hinzuhören auf das, was Gott uns sagen möchte. Nur so kann Beten auch zur geistigen und seelischen Nahrung für uns Menschen werden.

Die Gottesbeziehung fordert mich im Gebet heraus. Erst im Beten wird mir deutlich, ob ich das, was ich sage, ernst meine; ob die Beziehung zwischen Gott und mir für mich von Bedeutung ist. Daher provoziert das Gebet eine Haltung, eine Lebenseinstellung meinerseits. Es zielt darauf, dass sich mein Glaube auch in meinem Leben ausdrückt, dass Wort und Tat einander entsprechen. Gott hat uns würdig gemacht, indem er uns den Status von «Kindern Gottes» zugesprochen hat. Aus diesem Grund können wir auch unser Leben ändern und menschlicher in dieser Welt handeln. Jesus bringt dies auf den Punkt: Weil das Reich Gottes in ihm schon angebrochen ist, können wir umkehren und unser bisheriges Leben ändern (Markus 1,15). Gott ist uns bereits entgegengekommen, jetzt brauchen wir nur noch zu folgen. Beten ist also nicht nur eine religiöse Sprachschule, sondern auch eine Schule der Wahrnehmung, des Achtsam-Werdens und vor allem des Lebens.

Beten heißt nicht unbedingt zu sprechen. Ebenso gibt es auch nicht eine einzige Form des Gebetes. Zu beten bedeutet, in ein Gespräch mit Gott zu kommen, das mehr ist als nur oberflächliches Geplauder. Es geht um Gott, um mich und unsere Beziehung. Dabei können sich Zeiten abwechseln, in denen er häufig von mir hört, und dann wieder lange nichts. Wie alle Beziehungen muss ich aber auch die Beziehung zu Gott pflegen. Sie lebt gerade daraus, dass ich regelmäßig mit ihm Kontakt aufnehme – nicht aus Pflicht, sondern aus Freude.

### Das hat mit uns zu tun

Mit Kindern zu beten ist vielen Erwachsenen ungewohnt und fremd. Für manche ist es das erste Mal seit ihrer eigenen Kindheit, dass sie wieder beten. Andere haben zwar gebetet, aber meist zurückgezogen und privat. Jeder hofft auf ein Rezept oder genügend Wissen, wie man Beten am besten vermittelt. Dabei gibt es das nicht. Denn im Beten spiegelt sich meine eigene, ganz persönliche Beziehung zu Gott wider. Da helfen mir weder mehr oder weniger theoretisches Wissen noch die Anwendung irgendwelcher Handgriffe, sondern nur die konkrete Praxis. Kinder möchten bei der Frage nach dem Beten ganz unverstellt wissen und erleben, wie ich meine Gottesbeziehung lebe. Die Frage nach dem Beten mit Kindern ist also eine Frage, die auch mich und meinen Glauben unmittelbar angeht.
Uns Erwachsenen hilft dabei, dass Kinder mit dem Thema Beten ebenso unbefangen umgehen wie mit allen anderen Themen. Deshalb muss ich mich nicht schon Jahre mit dem Beten beschäftigt haben oder mein Leben lang religiös gewesen sein, um mich den Kindern mitteilen zu können. Dennoch stellen Kinder uns mit ihren Fragen immer wieder vor neue Herausforderungen: Durch ihre Erwartung einer Antwort fordern sie uns Erwachsene zur eigenen religiösen Po-

sitionsbestimmung heraus. Ob der Wunsch nun vom Kind oder von mir als Erwachsenem selbst kommt: Das Gebet mit Kindern kann ein guter Anlass sein, sich als Erwachsener wieder mit dem Thema «Beten» und damit auch neu mit der eigenen Gottesbeziehung auseinanderzusetzen.

Das wirft einerseits Fragen nach Gott, nach mir und meinem Leben auf, und zugleich gibt es andererseits meinem Leben eine neue, qualitativ andere Dimension. Beten ist – je nach Lebenssituation – der erste Schritt, mit Gott wieder Kontakt aufzunehmen. Ich kann darauf vertrauen, dass er mir zuhört, auch wenn ich vielleicht nicht auf Anhieb die richtigen Worte finde. Im Gebet erlebe ich Gott als Ansprechpartner, als denjenigen, der mich geschaffen hat und es gut mit mir meint. Ich kann mir mein Leben mit seinen Höhen und Tiefen bewusst werden lassen und Gott alles sagen. Ich werde seine Nähe erfahren, ihn als Vertrauten kennenlernen, aber auch als den ganz anderen. Beten macht mich sensibel für Gott und für mich selbst, aber auch für meine Umwelt. Es verändert meinen Blick für die Spuren Gottes und meine Verantwortung in der Welt.

Nicht nur als Person, sondern besonders auch als Familie stehen wir schon immer in der Gottesbeziehung. «Wo zwei oder drei in meinem Namen versammelt sind, da bin ich mitten unter ihnen» – eine solch provokative Zusage Jesu ernst zu nehmen und damit Nähe und Ehrfurcht vor Gott im Miteinander innerhalb der Familie zu erfahren, ist prägend und bereichernd. Daher ist Beten mit Kindern als Oase zu verstehen. Denn es bietet Eltern und Kindern die Möglichkeit, gemein-

sam Gott neu zu entdecken. Beten als Teil der religiösen Erziehung in der Familie ist ein Suchen und Fragen in Gemeinschaft. Eltern und Kinder machen sich mit Gott auf den Weg, um auf die zentralen Fragen menschlicher Existenz eine Antwort zu bekommen. Statt diesen Bereich einfach auszublenden und zu hoffen, dass die Fragen nicht mehr auftauchen werden, stellen sie sich auch den unbequemen religiösen Fragen und suchen nach gemeinsamen Antworten. Hierbei können die Fragen der Kinder die Erwachsenen auch an den Rand ihrer Denkvorstellungen bringen. Die Familie ist der Ort, an dem eine sehr intensive und lebensnahe religiöse Kommunikation möglich ist. Nichts und niemand kann das, was in der Eltern-Kind-Kommunikation an religiösen Erlebnissen und an reflektierter religiöser Erfahrung entsteht, gleichwertig ersetzen. Abends am Bett des Kindes sitzt nicht der Pfarrer oder die Religionslehrerin, sondern Vater oder Mutter.
Beten mit dem eigenen Kind ist ein spannender, teilweise aber auch anstrengender Weg. Aber Beten in der Familie soll nicht als Leistungsdruck oder als Stress verstanden werden. Eltern sollten daher darauf verzichten, sich unter Druck zu setzen. Beten soll nicht überfordern, sondern entlasten.

### Das sollen Kinder verstehen

Wer Kindern die Gottesbeziehung eröffnen möchte, der wird sie anregen, mit Gott zu beten. Damit kommt man auch den Kindern entgegen, denn sie fragen von sich aus nach Gott und wollen alles wissen und verstehen. Kinder sind von sich aus religiösen Dingen gegenüber sehr aufgeschlossen.

Schon im Säuglingsalter können sie die Atmosphäre spüren, die beim Gebet entsteht. Sie erleben, dass etwas ganz Besonderes, Wichtiges geschieht. Die Eltern sind vielleicht gelöster und entspannter. Das Gefühl, das Erwachsene beim Gebet oder danach vermitteln, lässt Kinder erleben, dass Beten etwas Positives und Wertvolles ist. Nur wenn Kinder Vertrauen in sich, andere und die Welt haben, werden sie zu starken Persönlichkeiten. Daher ist es wichtig, dass sie Gott als jemanden erleben, der in liebender Beziehung zu ihnen steht. Gott hat sie gewollt, er hat sie geschaffen und er hält sie in seiner Hand.
Gott liebt die Kinder und freut sich über den Kontakt mit ihnen. In Gott finden Kinder jemanden, dem sie alles erzählen können – gute wie schlechte Erlebnisse. Sie sollen Gott als Partner und Freund erleben, der will, dass sie ihr Leben und ihre Probleme bewältigen können. Daher darf Gott in der Erziehung auch nicht als Drohung verwendet werden; ein strenger, strafender oder drohender Gott verhindert geradezu jede positive Gottesbeziehung des Kindes.
Aus diesem Grund sollten sich Erwachsene auch immer über ihr Sprechen von Gott Gedanken machen. Dies gilt generell, etwa auch dann, wenn wir mit dem Kind diskutieren ob Gott «Ohren» oder einen «Mund» hat. Wir müssen uns dessen bewusst sein, dass unser Sprechen von Gott immer in bildlichen Annäherungen geschieht. Die biblischen Beschreibungen von Gottes «Hören» und «Sprechen» sind gerade Ausdruck dieser Erfahrung mit Gott. Jedoch erwecken solche Bilder bei Kindern vor allem leicht die Vorstellung, dass Gott ein Mensch sei. Zwar ist uns klar, dass Gott weder Ohren

noch Mund besitzen kann, dennoch bleibt uns keine andere Möglichkeit, als in solchen menschlichen Sprachbildern von ihm zu erzählen, wenn wir etwas über ihn sagen möchten. Ebenso begegnen wir in den biblischen Erzählungen immer wieder Bildern, die von der Erfahrung zeugen, dass Gott nicht fern ist, sondern in Treue zu den Menschen steht. Kinder sollten lernen, dass Gott nicht der «Mann mit dem weißen Bart» ist, sondern dass er mit Hilfe von Bildern umschrieben wird, weil er «immer anders» ist und unfassbar bleibt. Davon, wer Gott tatsächlich ist, kann jeder aufgrund seiner Gotteserfahrung selbst erzählen.

## Das können wir miteinander tun

Gott steht mit uns in Beziehung, und das sollen Kinder bereits möglichst früh erfahren. Es führt jedoch sicherlich nicht zum Ziel, ihnen dies durch Vorträge vermitteln zu wollen. Vielmehr geht es darum, Kinder dazu anzuregen, mit Gott selbst zu sprechen und symbolisch seine Gegenwart zu erfahren. Eltern und Kinder sollen sich daher gemeinsam auf den Weg des Gebets machen. Beten lernt man nur durch Beten. Deshalb können Kinder nur durch das Vorleben und die konkrete Praxis das Beten erlernen.

## Heranführung an das Gebet: Die Stille hören

Sie können mit Ihren Kindern üben, die Stille zu hören. Setzen Sie sich in einem ruhigen Moment bequem hin und vereinbaren Sie mit Ihren Kindern, dass jetzt alle eine Weile ganz still sind und jeder darauf achtet, was er in der Stille wahrnimmt und was ihn innerlich beschäftigt. Kleine Kinder schaffen meist nur wenige Sekunden, während ältere Kinder etwa zwei bis drei Minuten schweigen können. Beginnen Sie dann, langsam Arme und Beine zu bewegen, sich zu strecken und zu gähnen. Anschließend findet eine Erzählrunde statt, in der jeder erzählt, was er in der Stille «gehört» hat und welche Gedanken ihm gekommen sind.

## Gottes Spuren in der Schöpfung wahrnehmen

*«Denn in ihm – Gott – leben wir, bewegen wir uns und sind wir.» (nach Apostelgeschichte 17,28)*

Eltern und Kinder können Gott als den Schöpfer der Welt, den Großen, den, der Leben schenkt, erfahren, indem sie mit wachen Sinnen durch die Schöpfung gehen. Wir Erwachsene sind im Alltag sehr auf das Denken fixiert, Kinder hingegen leben noch in der direkten und unmittelbaren Wahrnehmung. Beim Betrachten der Natur als Gottes Schöpfung können sie uns die Augen für Gott und seine Spuren öffnen.

Während eines Spaziergangs werden immer wieder Pausen gemacht, um bewusst wahrzunehmen.

*Pause 1:* Wir erzählen uns, was wir alles sehen.

*Pause 2:* Wir sind eine Weile still und teilen uns dann mit, was wir alles hören.

*Pause 3:* Wir setzen uns und jeder riecht einmal bewusst: das Moos, das Holz, das Gras, eine Blume ... Wir tauschen uns darüber aus.

*Pause 4:* Nacheinander verbinden wir uns die Augen mit einem Tuch und betasten Dinge in der Natur: einen Stein, den Baumstamm, ein Blatt, das Fell eines Tieres ...

*Pause 5:* Vielleicht kommen wir an einem Apfelbaum vorbei, der gerade reife Früchte trägt, oder an einem

Erdbeerfeld, oder wir nehmen einen Apfel und ein Stück Brot mit. Während dieser Pause kann einmal ganz bewusst ein Apfel oder ein einfaches Stück Brot gekaut und geschmeckt werden.
Wieder zu Hause tauschen wir uns darüber aus, was wir heute an Besonderem erlebt haben, worüber wir stauen und wofür wir danken können. Worin und wie könnten wir Gottes Spuren wahrgenommen haben? Wo erfahren wir, dass Gott immer noch da ist?
Am Ende dieser Einheit kann ein Danklied gesungen werden.

## Gott singend danken

*Lied: Danket, danket dem Herrn*

*Text: nach Psalm 106,1 / Melodie: aus dem 18. Jh.*

### Schlussimpuls für Eltern

Von Tag zu Tag
ist mein Leben erfüllt
von deinem Anruf
an mich.
Lass mich hellhörig werden
für deine Stimme,
dass sie nicht untergehe
im Lärm des Nichtigen.
Das Vernommene
und dennoch Niegehörte
lass mir zu Ohren dringen.
Ein waches Herz gib mir,
das Ewiges
im Zeitlichen gewahrt.
Was du mir dartust, Gott,
behüte es in mir.
Nicht lass es anheimfallen
der Vergessenheit,
sondern heranreifen
zur Antwort,
die ich dir gebe
mit meinem Tun und Lassen,
mit meinem ganzen Sein.

*Antje S. Naegeli*

# 2. Vom Bitten, Klagen und Loben. Mit Gott im Kontakt in allen Lebenslagen

*Albert Biesinger*

## Darf ich Gott auch einmal böse sein? Wie kann ich mit Gott verbunden sein? Darf ich Gott alles sagen? Auch was Lustiges? Muss ich Gott genau erzählen, was er zu tun hat? Wie wirkt Beten? Gibt es eine «Zauberformel»? Verändert Beten etwas?

### Das wissen wir dazu

Beten öffnet uns für Gott. Es bewirkt viel: Ich trete von mir aus in Beziehung zu dem, der vom ersten Moment meines Seins an – bereits lange vor meiner Geburt – von sich aus in Beziehung zu mir steht. Als unser Schöpfer und Retter aus dem Tod hat er allen Menschen einen göttlichen Funken mitgegeben, den wir in uns tragen und der nie erlischt. Gott hat sich mit uns verbunden, und durch das Gebet können wir uns mit ihm verbinden.

Jesus lehrt uns, auf so vertrauensvolle Weise zu beten, dass der Glaube sogar Berge versetzen kann. Dies ist im übertragenen Sinne sehr wichtig: Der Glaube, dass Gott uns auch dann noch rettet, wenn unser Körper tot ist, ist noch mehr als Berge versetzen. Da geht es um uns selbst, um Sein oder Nichtsein.

Manche Gebete erhört Gott offenbar nicht: Vielleicht sollen wir das, worum wir beten, selbst bewirken.

Vielleicht antwortet Gott auf das Gebet in der bedrängenden Situation des Sterbens: Ich selbst bin am Kreuz als Mensch durch den Tod hindurch gegangen; auch du musst durch den Tod hindurch gehen, um in der neuen Welt ewig leben zu können.
Und dennoch ist es gut, wenn wir vor Gott auch unseren Alltag direkt bringen. Dies drückt der Begriff «Erzähl-Beten» aus. Ich kann mit Gott all das laut oder leise besprechen, was mich beschäftigt, wie es mir gerade geht und was ich mir dabei denke, was gerade um mich herum passiert. Ich kann ihn fragen, warum es Tote bei Erdbeben und Amokläufen gibt und warum wir auf dieser Welt den Hunger und das Elend nicht in den Griff bekommen. Erzähl-Beten heißt, dass ich mit meiner ganzen Lebenswirklichkeit in Beziehung mit Gott bin und auch mit ihm darüber sprechen will. Manchmal tut es auch gut, mit Gott direkt zu sprechen: «So ist es mit meinem Leben. Ich könnte mal etwas Unterstützung von dir und mehr Durchblick gebrauchen.» Oder: «Du siehst, ich tappe immer wieder in dieselbe Falle und mache immer wieder dieselben Fehler. Pass auf mich auf ...»
Beten ist Gotteskommunikation. Wir nehmen Kontakt mit ihm auf und teilen uns ihm mit, so wie es uns geht und wie wir ihm in einer bestimmten Situation etwas sagen wollen. Die Gebete der Bibel zeigen uns sehr interessant und eindrucksvoll, dass Menschen in ihren ganz verschiedenen Lebenslagen – manchmal in ganz schlimmen und verzweifelten Situationen, aber auch in großer Freude und Ekstase – mit Gott gesprochen haben.

Wir haben Zeugnisse von Lobgebeten, von Klagegebeten, von Bittgebeten, Vergebungs-Bitten sowie von Gebeten totaler Trauer und Verzweiflung. All diese Gebete wurden in die Bücher der Bibel eingebunden. Manchmal sprechen die alttestamentlichen Beter mit Gott so direkt und offen, dass es einigen Menschen heute schon zu heftig scheint, weil sie denken: «So direkt und klagend, enttäuscht und anklagend kann man doch nicht mit Gott reden!» Genau dies ist im Alten Testament aber nicht ungewöhnlich. Und selbst Jesus hat Gott geklagt: «Mein Gott, mein Gott, warum hast du mich verlassen?» (Markus 15,34). Am Ölberg betet Jesus in seiner Todesangst zu Gott und fragt ihn, ob Gott dieses Leid nicht an ihm vorüberziehen lassen könne: «Abba, Vater, alles ist dir möglich. Nimm diesen Kelch von mir! Aber nicht, was ich will, sondern was du willst, soll geschehen» (Markus 14,36). Und ebenso bemerkenswert: Jesus weint, als sein Freund Lazarus gestorben ist (Johannes 11,35). Wir tun also gut daran zu lernen, dass wir bei Gott klagen können, ja ihn sogar anklagen können.
Zugleich finden wir – besonders in den Psalm-Gebeten – viele Bitten zu Gott, dass er uns vor Strafe schützt. Menschen merken, dass sie etwas Böses getan und die Beziehung mit Gott und den Mitmenschen gestört oder zerstört haben. Menschen um Vergebung und Verzeihung zu bitten, Gott um Vergebung und Verzeihung zu bitten, ist der Sinn solcher Gebete. Menschen, die in der Lage sind zu sagen «Ich habe einen großen Fehler gemacht und es tut mir leid. Bitte bestrafe mich nicht dafür», sind schon sehr weit in ihren Gedanken und in ihrer Reue. Wir Men-

schen sind alle – egal ob wir große oder kleine Fehler machen – vom Erbarmen Gottes abhängig. Denn unsere menschliche Existenz ist immer begrenzt; Heil und Heilung, Rettung aus der Verzweiflung und dem Tod gibt es am Ende nur durch Gott selbst. Deshalb ist davon auszugehen, dass alle Menschen, die umkehren, ihre Schuld bereuen und sich Gott öffnen, von ihm nicht zurückgestoßen, sondern in die Arme genommen werden. Jesus selbst gibt uns im Gleichnis vom barmherzigen Vater und dem verlorenen Sohn eine froh machende Botschaft: Was auch immer du an Schuld auf dich geladen hast, Gott kommt dir gerade auch in deiner Schuld und deinem Versagen mit offenen Armen entgegen (Lukas 15,11–32).
Auch Kinder geraten bisweilen in die Situation, dass sie um Vergebung bitten müssen, weil ihnen eine bestimmte Situation oder Verhaltensweise sehr leid tut. Dann ist es wichtig, ihnen entgegen zu kommen, die Arme zu öffnen: «Es ist wieder gut. Versuche, es morgen wieder anders zu machen.» Wir sollen den anderen «siebzig Mal sieben Mal» – also unendlich oft – vergeben sagt Jesus im Matthäusevangelium (Matthäus 18,22).
Gebete mit der Bitte um Vergebung sind heilsame Gebete – wie Balsam für die wunde Seele.
Zu unserer materiellen Welt gehören Leid und Sterben. Schon wenn ein Kind geboren wird, ist es auf dem Weg zum Sterben. Das gehört so offensichtlich zu unserer menschlichen Existenz auf dieser Erde, dass man es besser innerlich annimmt und darauf vertraut, dass Gott Wege aus dem Tod hat. Darauf, dass er uns erlösen wird in der Nacht und am Tag unseres Sterbens, wenn

wir unseren dann kranken, alten oder durch einen Unfall zerstörten sterbenden Körper verlassen. Auch für diese Situationen haben wir Gebete: Die Liturgie bei Beerdigungen drückt sehr eindrucksvoll Trauer und Klage, aber auch das Vertrauen, das Anvertrauen der Toten hinein in die göttliche Welt aus. Beim Verlassen der Kirche nach Trauerfeiern beten wir oft: «Denn er befiehlt seinen Engeln, / dich zu behüten auf all deinen Wegen. / Sie tragen dich auf ihren Händen, / damit dein Fuß nicht an einen Stein stößt» (Psalm 91,11–12).

Wir haben aber auch ganz andere Gebete: Lobgebete. Wir loben den Schöpfer, der die Berge und Seen, das Meer und die Wälder erschaffen hat. Wir loben Gott als unseren Schöpfer, der über den langen Weg der Evolution die Pflanzen, die Tiere und uns Menschen entstehen ließ. Der den Namen von jedem von uns kennt und unsere Namen eingeschrieben hat in seine Hand: «Sieh her: Ich habe dich eingezeichnet in meine Hände» (Jesaja 49,16).

Wenn wir mit Gott in Beziehung stehen, sind wir manchmal in der Stimmung dazu, ihm dafür zu danken, dass er uns durch unsere Eltern das Leben gegeben hat, dass er uns durch unser Leben begleitet, weil er uns einen göttlichen Funken von sich mitgegeben hat. Wir haben Grund zum Danken, dass uns die Erde ernährt – sie würde auch die Armen ernähren, wenn es auf ihr gerecht zuginge –, wir haben Grund zu danken, dass Gott uns trägt und unserem Leben über den Tod hinaus eine Zukunft gibt. Gott ist die Zukunft unserer Zukunft.

Manchmal möchte ich auch einfach ganz persönlich mit Gott reden, mit ihm über meine Glücksmomente und Sorgen des Alltags sprechen.

Mit Gott direkt sprechen zu lernen verschafft einen besonderen Blick fürs Leben. Milliarden Menschen auf dieser Erde beten regelmäßig. Sie fühlen sich im Kontakt mit Gott, deuten ihr Leben im Austauch mit ihm und klagen, bitten, lobpreisen und danken ihm in den jeweiligen Lebenssituationen.
Wer betet, praktiziert die eigene Gottesbeziehung, gibt ihr Ausdruck und Form, aber auch Inhalt und Emotion. Beten ist also ein Zu-sich-selbst-Finden und ein Ausdruck dieses Findens. Eine Form des Wissens darum, was zu tun ist, wenn etwas geschehen ist. Wenn ich am Bett eines befreundeten sterbenden Menschen sitze, dann weiß ich, was zu tun ist: Ich bete mit ihm ein Vaterunser bzw. ich frage ihn, ob ich es mit ihm beten soll. Schon mancher Mensch, der sich sein ganzes Leben lang im Blick auf Gott und Kirche kritisch geäußert hat, faltete in diesen letzten Tagen oder Stunden die Hände und betete mit bewegten Lippen. Wenn er auszuhauchen beginnt, ist sein letzter Hauch eingebettet in sein Gebet zu Gott, der ihn aus dem Tod rettet. Elie Wiesel, der berühmte jüdische Religionsphilosoph in den USA, hat es brillant auf dem Punkt gebracht:
«Beten heißt, fähig zu sein, seine Stärken und Schwächen zu erkennen, seine Existenz und seine Zukunft zu ermessen, heißt empfangen und geben. Ohne diese Möglichkeit wäre der Mensch um eine wesentliche Dimension ärmer. Niemand ist mehr zu bedauern als der Mensch, der nicht beten kann, denn nicht beten ist keine Sünde, sondern eine Strafe. Die tragischste Stunde im Leben des Bescht ist jene, als er zur Strafe seine Gebete vergaß.»

## Das hat mit uns zu tun

Es ist eine andere Art zu leben, wenn wir daran glauben können, dass Gott sich uns mitgeteilt hat und dass wir uns auch Gott mitteilen können. Beten meint, mit Gott zu sprechen, an ihn zu denken. Dies kann laut oder leise, im Gesang oder in instrumentaler Musik oder auch in der schweigenden Meditation geschehen. Sehr beeindruckend sind für Kinder wie für Erwachsene die Erfahrungen in Taizé, der bekannten ökumenischen Gemeinschaft in Frankreich; dort beginnen die Mönche und oft tausende von Menschen den Tag mit Wiederholungsgesängen, einem kurzen Text aus der Bibel, langem Schweigen, kurzen Fürbittgebeten für die Menschen in aller Welt, dann abermals mit Schweigen und am Schluss wiederum mit Meditationsgesängen. Es ist, als ob wir spüren könnten, dass sich der Himmel für uns öffnet und wir mit einem Bein schon im Himmel stehen.

Die Mönche auf dem Berg Athos in Griechenland beten schon morgens um drei Uhr «Kyrie eleison» – «Herr, erbarme dich unser». Die Gesänge gehen einem durch Mark und Bein, wenn sie in die Stille der dunklen Nacht hinaus dringen. Und immer wieder der sich wiederholende Bittruf: Herr, erbarme dich unser; erbarme dich über diesen neuen Tag und die Milliarden Menschen auf dieser Welt mit ihren Schicksalen, Nöten, Freuden, Verliebtheiten, Krankheiten und Zusammenbrüchen.

Wer betet, lebt anders, beginnt den Tag mit einem Gedanken an Gott. Eltern segnen ihr Kind beim Weggehen am Morgen: «Gott beschütze dich» – ein Ritual, das weder Zeit noch Geld kostet, aber die Kinder

anders gehen lässt. Sie gehen behütet aus dem Haus, wenn sie merken, dass der Papa oder die Mama sie Gott anvertraut hat. Ich kenne viele Familien, die dieses Ritual haben – mit erfüllenden, zustimmenden Reaktionen ihrer Kinder.
In Lobgebeten, Dankgebeten und Klagegebeten lernen Kinder sich im Blick auf Gott auszudrücken, ihr Leben ins Wort zu bringen und die Gottesbeziehung auch emotional zu leben. Kinder können sich in den verschiedenen Altersphasen Gott ja ganz unterschiedlich vorstellen. Und immer ist es die jeweils richtige und für sie stimmige Vorstellung, die sie ja oft in einen Dialog mit unseren elterlichen Gottesvorstellungen bringen. Sie wollen wissen: Wo wohnt Gott, wie sieht Gott aus, was macht er den ganzen Tag und wie kann er alle Menschen auf der Welt kennen? Mit Kindern darüber im Gespräch zu sein, ermöglicht den Kindern, ihre eigene Gebetskompetenz zu entwickeln. Sie bekommen Schritt für Schritt auch ein kritisches Gespür dafür, wie wir uns Beten eben nicht vorstellen dürfen: Beten ist nicht die Bestechung Gottes, dass er für uns zaubert!
Wenn wir gemeinsam zu Gott beten, stärkt dies unsere Zusammengehörigkeit, unseren Glauben an Gott und gibt uns gemeinsame Zuversicht: Halten wir mit Gott zusammen, kommen wir besser durchs Leben.
Beten können wir überall, und es gibt ganz verschiedene Orte, die wir zum Beten vielleicht bevorzugen: Kinder beten meist gerne vor dem Einschlafen im Bett. Manche Kinder bleiben vor einem Wegkreuz stehen oder wollen in Kirchen hinein, auch wenn keine Gottesdienste sind. Manchmal übt die Madonnen-

figur eine besondere Faszination aus – das kleine Kind auf dem Arm seiner Mutter ist für viele Kinder ein interessanter und eindrucksvoller Zugang. So lernen sie, direkt mit Jesus zu sprechen.
An manchen Tagen wollen Kinder gar nicht beten, und dies ist zu akzeptieren ohne Druck zu machen. Beten ist freiwillig. Je freiwilliger und selbstmotivierter Kinder beten lernen, desto intensiver erwerben sie Gebetskompetenz. Denn wenn sie als Jugendliche oder Erwachsene das Gefühl haben, sich von einem Druck zum Gebet befreien zu müssen, hat die Gebetserziehung ihren Sinn verfehlt.

### Das sollen Kinder verstehen

Wenn Kinder «Erzähl-Beten» lernen, dann erlernen sie Schritt für Schritt, Gott alles zu sagen – lustige Dinge ebenso wie Situationen, in denen sie auf Gott böse sind, weil sie sich von ihm enttäuscht fühlen. Auch Bittgebete müssen nicht so formuliert sein, dass wir Gott immer alles vorschreiben, was er aus unserer Sicht zu tun hat. Dennoch ist es bei einer direkten Kommunikation wichtig, offen und deutlich miteinander zu sprechen. Dies gilt auch für das Gebet als Gespräch mit Gott.
Beten wirkt nicht wie eine «Zauberformel», sondern es bewirkt, dass wir uns auf Gott hin öffnen, mit ihm in Beziehung treten und damit in manchem auch einen Schritt weiter kommen. Wir bekommen von Gott nicht direkt eine Antwort, aber die Konzentration auf Gott und ein bestimmtes Anliegen kann in uns Kräfte entwickeln, um selbst nach Lösungswegen zu suchen. Es ist, als ob Gott manche Gebete deswegen nicht er-

hört, weil wir von ihm die Gabe und Begabung mitbekommen haben, uns in dieser Welt Schritt für Schritt selbst zurechtzufinden und auf unsere innere Stimme zu hören, was wir tun sollen.
Beten konzentriert uns auf das Hören auf unsere innere Stimme. Unser Gewissen sagt uns in vielen Situationen, was jetzt richtiger oder weniger richtig oder sogar komplett falsch ist.
Insofern verändert Beten sehr wohl etwas. Entweder kommt es so, wie wir es erbitten. Oder wir lernen, uns damit auseinanderzusetzen, dass es offensichtlich ganz anders kommen soll oder einfach anders gekommen ist und wir uns dazu zu stellen haben. Veränderung ist beides. Das Unveränderbare innerlich anzunehmen bewirkt ja auch eine Veränderung in uns selbst und im Zusammenleben mit anderen Menschen.

## Das können wir miteinander tun

Das gemeinsame Gebet in der Familie muss alltagstauglich sein. Hierfür sind der richtige Augenblick, die richtige Stimmung und vor allem auch ein konzentrierter Rahmen wichtig. Mitten in einen Streit hinein oder nach einem abflauenden Konflikt plötzlich beten zu wollen, ist nicht stimmig. Schließlich kommt es nicht auf die Anzahl der Gebete, sondern vielmehr auf ihre Intensität, ihre Glaubwürdigkeit und vor allem auch die innere Stimmigkeit an.
Frömmelnde Allüren sind wenig hilfreich. Wenn die Kinder gerade getobt haben, vom Fußballplatz kommen oder sich gestritten haben, ist dies nicht die Situation des Betens. Am Abend kann es aber sehr

wohl sein, dass wir gemeinsam mit den Kindern noch einmal um den Tisch sitzen und mit ihnen über den Konflikt sprechen – und dass sich die Kinder dann die Hand zu einem kindgemäßen Friedensgruß reichen.
Mit Kindern ist es ganz einfach, persönlich zu beten. Wenn Sie Ihrem Kind am Abend vorgelesen haben, können Sie mit ihm noch einmal auf den Tag zurückblicken, «Tagesschau» machen. Auf die Frage «Was war heute schön, was war nicht so schön?» haben Kinder fast immer einen Gedanken, den sie Gott als Gebet sagen können. Ich habe das in meiner Familie selbst erlebt. Unsere damals fünfjährige Tochter Ingrid sagte: «Lieber Gott, heute war es gar nicht schön, der Moritz hat mich gehauen, dann hab ich ihn auch gehauen. Schlaf gut lieber Gott.»
Für viele Kinder ist es ein Herzensanliegen, für die armen Kinder auf der Welt zu beten, die keinen Papa und keine Mama haben, die nichts zu essen haben, die frieren müssen oder in Hütten leben. Umso mehr sollte man auch bei den Gebeten nicht immer nur für sich selbst bitten, sondern mit den Kindern den Horizont erweitern im Blick auf die Probleme dieser Welt. Schritt für Schritt und altersgemäß auch für die Ungerechtigkeit sowie für das, was wir dagegen tun können: «Wir bitten dich auch für die armen Kinder, die nichts zu essen haben. Hilf, dass es gerechter zugeht auf der Welt.»
Kinder erleben in ihrem Alltag viele bedrückende Situationen, über die sie mit uns Eltern sprechen. Für Sie als Eltern genauso wie für Ihre Kinder wird es auch eine Entlastung sein, Bedrückendes vor Gott zu bringen und ihn um Hilfe zu bitten.

Vor allem Fürbittgebete, Gebete für die Oma, für das kleine Geschwisterkind oder für Menschen aus dem nahen Umfeld sind für Kinder eine Möglichkeit, ihre innere Verbundenheit mit den Menschen und mit Gott gleichzeitig zu realisieren.

Wenn das Kind betet «Lieber Gott, bitte räume mir doch mein Zimmer auf», dann ist das ein passender Anlass, darüber zu sprechen, welche Dinge wir selbst anpacken können. Man kann mit Kindern durchaus schon besprechen, dass wir uns mit all dem, was wir selbst erledigen können und müssen, nicht an Gott zu wenden brauchen. Gott hat mir Kopf und Hände gegeben, deshalb kann ich mein Zimmer in Ordnung bringen. Gott hat uns Begabungen gegeben, damit wir uns unserem Leben und der Wirklichkeit zuwenden können und unsere eigenen Kräfte entwickeln. Meine Fähigkeiten und Talente verdanke ich wiederum Gott, so dass ich ihm dafür auch im Gebet danken kann.

# 3. Von erfüllten und nicht erfüllten Gebeten

*Ralf Gaus*

# Ich habe doch fest zu Gott gebetet, aber warum habe ich nicht die Drei in Mathe bekommen? Ist Gott sauer, weil er meinen Wunsch nicht erfüllt?

## Das wissen wir dazu

Wer betet, stößt immer wieder auch an seine Grenzen. Betende spüren und erleben immer wieder, dass sie einerseits in einer engen Gottesbeziehung stehen, Gott aber andererseits auch der Andere, der Fremde sein kann. Menschen, die sich in einer lebendigen Gottesbeziehung wähnen, in deren Leben sich jedoch mehrere Schicksalsschläge wie der Tod der Mutter, der Fahrradunfall des Sohnes und eine Beziehungskrise binnen kurzer Zeit häufen, fragen sich zu Recht, wo Gott ist. Trotz allem vertraut der Betende darauf, dass Gott ihm nahe ist und auch seine Gebete erhört, so wie Jesus gesagt hat: «Bittet, dann wir euch gegeben» (Matthäus 7,7). Er hofft also auf Gott, der sich von uns und unseren Sorgen berühren lässt und sein Ohr nicht verschließt. Wenn sich der Betende in einer ausweglosen Situation Gott anvertraut, ihm sagt, dass er nicht mehr weiter weiß und um seine Hilfe bittet, wird das Gebet zu einem «Prüfstein des Vertrauens» (Thomas Dienberg). Vor allem nicht erhörte und erfüllte Bitten, beispielsweise um die Genesung von einer Krebserkrankung, lassen Zweifel aufkommen: «Stimmt denn das biblische Gottesbild des nahen und uns Menschen zugewandten Gottes? Existiert Gott überhaupt? Bin ich auf eine Täuschung hereingefallen?» Gerade in solchen Situationen fällt es dem Betenden oft auch schwer, Gott als Du zu begreifen, das er anrufen und dem er vertrauen kann. Den betenden Menschen trifft diese geheimnisvolle und vor allem unbegreifliche Seite Gottes doppelt: Er (ver-)zweifelt nicht nur an seiner Situation (Warum trifft es gerade mich?), sondern auch an Gott selbst, von dem er sich im Stich gelassen fühlt (Warum tut Gott mir das an? Wo ist Gott?).

Die biblischen Texte beschreiben Situationen, in denen Betende das Gefühl haben, dass Gott sich von ihnen abwendet. Die Geschichte Hiobs oder die Psalmen (Psalm 22, Psalm 55) berichten etwa von dem Gefühl, von Gott verlassen worden zu sein oder dass er in einer Form handelt, die der Betende nicht verstehen kann. In besonders dramatischer Weise kommt dies auch im Schrei Jesu am Kreuz zum Ausdruck – «Mein Gott, mein Gott, warum hast Du mich verlassen» (Markus 15,34).

Eine exakte Antwort auf die grundmenschliche Frage zu geben, warum Gott die einen Gebete erhört und die anderen vielleicht nicht, wäre vermessen und ist kaum möglich. Jedoch wird in den biblischen Beschreibungen deutlich: Die Not ist für die Betenden kein Beweis, dass es Gott nicht gibt und er nicht in Beziehung zu ihnen steht. Auch wenn sie nicht begreifen können, warum ihnen dieses Leid geschieht, sehen sie sich weiterhin in der Beziehung mit Gott stehen. In ihren Gebeten suchen sie den entzogenen Gott und fordern ihn auf, sein Versprechen einzulösen, sich ihnen wieder zu zuwenden. So betet der kranke David: «Wende dich mir zu, Herr, und errette mich, hilf mir um deiner Güte willen!» (Psalm 6,5). Gleichzeitig lässt er keinen Zweifel daran, dass Gott für ihn trotz des Schweigens weiterhin heilig und verehrungswürdig ist: «Aber du bist heilig, du thronst über dem Lobpreis Israels» (Psalm 22,4). Gott hält sich also nicht aus dem Weltgeschehen heraus, sondern blickt auf uns und begleitet uns in unserm Leben. Hierbei vertraut der Betende auch auf die Überlieferungen seiner Vorfahren und deren Erfahrungen mit Gott. «Dir haben unsere Väter vertraut, sie haben vertraut, und du hast sie gerettet» (Psalm 22,5). Als Christen können wir nicht nur auf die Erfahrungen früherer Christinnen und Christen vertrauen, sondern uns auch an Jesus orientieren. Daher gehen wir nicht nur davon aus, dass Gott uns in guten Stunden nahe ist. Vielmehr hoffen und glauben wir, dass er uns im größten Leiden nicht alleine lässt. Auch im Sterben, im Tod und darüber hinaus ist Gott mit uns. Wir glauben, dass wir – wie Jesus Christus – am Ende unserer Tage auferstehen werden.

Damit ist der christliche Glaube von einer grundlegenden Gottesbeziehung geprägt. Jedoch auch von einer das ganze Leben dauernden Suche nach ihm. Mal ist er uns näher, mal ist er ferner. Wir leben in unserer Gottessuche und Gottesbeziehung in dieser Spannung von Nähe und Distanz. Gott ist uns nahe und doch auch der ganz Andere, der fremd und unbegreiflich sein kann.

## Das hat mit uns zu tun

Im Beten steckt immer auch ein Moment des Ungewissen und des Zweifelns. Daher sehnen wir uns nach Zeichen, die eindeutig belegen, dass Gott existiert und uns hört. Für manchen ist ein erfülltes Gebet solch ein Zeichen, während ein nicht erfülltes Gebet ein eindeutiger Beleg des Gegenteils zu sein scheint. Entsprechend leicht oder schwer fällt uns dann das Beten: Je schwerer die Situation ist, in der wir Gott bitten, desto schwerer ist auch die Krise, wenn wir das Gefühl haben, dass Gott nicht da ist. Denn genau dann wollen wir Gott ja besonders spüren. Jeder, der an Gott glaubt, wird irgendwann an diesen Punkt kommen und auch zweifeln. Zweifel und Krisen gehören zu Glauben und Gebet einfach dazu. Kein Glaube kommt ohne sie aus. Die Frage ist nur, wie wir mit ihnen umgehen. Meine Enttäuschung darüber, dass Gott meine Wünsche nicht erfüllt hat, sagt mehr über mich, mein Gebetsverständnis und mein Gottesbild aus als über Gott selbst. Daher hat die Enttäuschung auch ihre gute Seite; sie macht es möglich, über unser bisheriges Gottesbild, das uns in gewisser Weise «getäuscht» hat, nachzudenken. Denn eigentlich wissen wir, dass wir nicht über Gott verfügen können, und doch haben wir uns das in gewisser Weise gewünscht. Die Gottesbeziehung, in der wir Gott als Du ansprechen können, verleitet uns auch dazu. Leicht können wir annehmen, dass Gott als unser Gesprächspartner auch unsere Bitten erfüllen muss.

Dabei ist Beten kein Tauschgeschäft oder «Wunschkonzert». Gott ist nicht derjenige, der uns die Situation so zu schaffen hat, die wir gerne hätten.

Hinter diesem Gedanken der Kosten-Nutzen-Rechnung steckt vielfach die Vorstellung, dass es in der Gottesbeziehung um Leistung geht. Wir beten und deshalb hat Gott die Situationen zu ändern, die wir nicht wollen. Dieses alte, grundlegende Vergeltungsprinzip kommt in der Formel «do ut des» – «Ich gebe, damit du gibst» – zum Vorschein. In der kindlichen und jugendlichen Gottesbildentwicklung ist es normal, dass es eine Phase gibt, in der das Kind glaubt, verhandeln zu können und zu müssen. Dementsprechend ist es nur verständlich, wenn das Kind Gott bittet: «Lieber Gott, ich werde jeden Tag brav sein, wenn Du mir nur die Drei in Mathe gibst.» Bei Kindern wie bei Erwachsenen verändert sich das Gottesbild noch einmal, wenn dieses Verhandeln nicht gelingt. Je stärker die Situation ist, desto mehr fordert sie mich neu heraus. Denn nun zeigt sich, ob ich – wie die biblischen Beter – weiterhin in der Beziehung mit Gott bleibe und mit Gott ringe oder ob ich mich enttäuscht von ihm abwende.

Vielleicht kann mir aber auch gerade in diesem Moment das Beten helfen. Es verändert zwar nicht meine Situation, aber meine Sicht auf die Dinge. Die Drei in der Klassenarbeit werde ich zwar nicht einfach so bekommen; durch das Beten kann mir aber deutlich werden, was ich dafür tun kann. Vielleicht geht mir jedoch auch auf, wo ich schon Hilfe erfahre, wo mir Gottes Nähe in anderen Menschen begegnet.

### Das sollen Kinder verstehen

Vor allem im Beten kommt, wie in keinem anderen Teil der religiösen Erziehung, das Gottesbild des Kindes besonders zum Ausdruck. Daher sollte es die Aufgabe der Erwachsenen sein, sich mit den Kindern immer wieder auch über die Gottesvorstellungen auszutauschen. Nur so können sie Vorstellungen von Gott als dem großen Zauberer und Wunscherfüller entgegenwirken. Auch Gedanken, dass Gott etwa ein bestimmtes Verhalten belohnt und unerwünschtes Verhalten bestraft, können zerstreut werden. Gott ist kein beleidigter Buchhalter, der zur Strafe Gebete nicht erhört. Er ist und bleibt in der Beziehung zu uns, auch wenn wir das Gefühl haben, dass er anders handelt als wir das wollen. Auch Kinder müssen schon verstehen, dass Gott nicht von außen immer direkt in die Welt eingreift und wir wie Marionetten von ihm abhängig sind. Er spielt nicht mit der Welt wie es ihm gerade beliebt. So verhindert er nicht etwa einerseits eine Katastrophe, um dann andererseits einen Tsunami oder ein Erdbeben mit vielen Toten und Verletzten entstehen zu lassen. Das wäre das Bild eines willkürlichen, strengen und übermächtigen Herrschergottes. Dem gegenüber steht ein Gott, der es gut mit uns meint und uns heil macht. Gottes Botschaft ist Liebe: Selbstliebe, Gottesliebe und Nächstenliebe. Er ist aber auch kein Gott, der uns die Verantwortung für das Gelingen unseres Lebens abnimmt. Gott ist immer bei uns, auch in Krisensituationen, aber handeln müssen wir selber. Als Erwachsene kommt uns hierbei jedoch die Aufgabe zu, genau hinzuhören, was sich das Kind eigentlich wünscht, wenn es mit Gott betet, und wie es diese Situation – selbst oder mit Hilfe der Erwachsenen – ändern kann. Beten mit Kindern heißt auch, sie handlungsfähig zu machen.

### Das können wir miteinander tun

Was Kinder in ihrer Welt und im Gebet erleben, hat Konsequenzen für ihr Bild von Gott. Es drängt dazu, Bisheriges zu überdenken, Fragen zu klären und neue Vorstellungen zu entwickeln. Eltern können Kindern dabei behilflich sein, indem sie mit ihnen Gespräche über ihr Gottesbild und ihre Gottesbeziehung führen. Aus einem alltäglichen Zusammenhang oder einer konkreten Frage kann sich ein Gespräch entwickeln. Dabei geht es nicht so sehr darum, Antworten zu finden, als vielmehr um die gemeinsame Suche an sich:

- Kinder auffordern, ihre eigenen Vorstellungen zu beschreiben
- Gemeinsam Vermutungen anstellen: «Vielleicht ist es so, dass ...»
- Kinder in ihren Vorstellungen bestärken: «Das ist ein interessanter Gedanke ...»
- Kinder ihre Vorstellungen begründen lassen: «Warum ist dir das wichtig?»
- Gemeinsam Begriffe finden, die zu einem Gottesbild passen, z.B. Vertrauen, Schutz, Nähe ...

Spielen Enttäuschung, Wut oder Ärger eine Rolle in der Beziehung zwischen Kind und Gott, dann kann es dies Gott gegenüber auch formulieren. Denn im Reden bleibt die Beziehung lebendig – und wie beim Streit kann sich Versöhnung, in diesem Fall Hoffnung auf Gottes Nähe einstellen:

- «Gott, heute bin ich sauer auf dich.»
- «Heute will ich gar nicht mit dir reden.»
- «Du hast mir ja gar nicht geholfen!»

## Schlussimpuls für Eltern

***Segne uns Gott***

Gott
lege deinen Segen
auf mein Tun
und auf mein Lassen
damit mein Tun
damit mein Lassen
zum Segen wird
für alle Geschöpfe
dieser Welt
zum Lob des Schöpfers
Amen

*Andrea Schwarz*

# 4. Vom Beten und vom Handeln

*Ralf Gaus*

# Kann ich auch für den kranken Peter und die armen Kinder in Afrika beten? Warum hat Gott mein Gebet um gute Noten nicht erhört?

## Das wissen wir dazu

Manche sehen im Gebet für andere Menschen wenig Sinn. Beten helfe genauso wenig, wie den Teller leer zu essen, damit die Kinder in Afrika nicht hungern müssen. Ihrer Ansicht nach verändert weder das Aufessen die Problematik für die Kinder in Afrika, noch hilft das Gebet anderen in ihrer Not. Stattdessen beruhige Beten das Gewissen, denn die Probleme liegen nun zur Lösung bei Gott und der Betende hat mit der Sache nichts mehr zu tun. Tatsächlich ist dies jedoch nur dann der Fall, wenn ich glaube, dass Gottes Tagesgeschäft die Lösung von Problemen und die Rettung aus der Not ist und ich ihm entsprechende Bitten vorlegen kann.

Dabei will das Gebet, vor allem das Fürbittgebet, etwas anderes. Es geht darum, sich im Beten nicht nur um sich selbst zu drehen und von eigenen Problemen – oder denen anderer – verschont zu bleiben. Vielmehr lerne ich im inneren Dialog mit Gott, meine Beziehung zu ihm, zu mir, zu anderen und zur Schöpfung wahrzunehmen und zu verstehen. Im Gebet stellt der Mensch eine unmittelbare Verbindung zur Welt her, er stellt Fragen nach dem Warum von Leid, Elend und Tod, nach Trauer und Schmerz. Im Gebet mache

ich mir die Probleme bewusst, derentwegen ich Gott anrufe, denke über sie nach, erkenne ihre Zusammenhänge und entwerfe Handlungsmöglichkeiten.
Beten holt mich aus meiner Passivität. Mir fallen nicht nur die Probleme auf, sondern auch meine Betroffenheit und meine Verstrickungen. Beten macht unruhig, da es mir vor Augen führt, wo ich noch etwas tun kann und muss. So bricht das Gebet meine Ichbezogenheit auf und bringt mich dazu, mich tatkräftig für die Schöpfung, meine Mitmenschen und die Welt einzusetzen. Dazu darf ich aber meine Verantwortung im Gebet nicht auf Gott abwälzen und ihn damit zum Erfüller all meiner Wünsche und Träume machen. Das Beten bewegt mich jedoch nur dann, wenn ich nicht pauschal, sondern konkret bete, mich und meine Gefühle mit einbeziehe und um eine Perspektive nach vorne, eventuell für mein Handeln bitte:
«Lieber Gott, auf der Straße und im Fernsehen habe ich Menschen gesehen, die betteln müssen. Ich bin froh, dass ich dies nicht tun muss. Deshalb möchte ich immer wieder einen Teil meines Taschengeldes mit diesen Menschen teilen.»
Im fürbittenden Gebet für andere kommen damit meine Verantwortung und Solidarität zum Ausdruck. Im Gebet können wir Gott diejenigen Dinge anvertrauen, die wir nicht in der Hand haben, bei denen wir Hilfe brauchen. In diesem Sinne ist das Gebet Zeichen des tiefen Vertrauens auf Gott und seine Zuwendung zu uns Menschen. Es ist gerade das fürbittende Gebet, in dem Menschen zum Ausdruck bringen, dass sie nicht nur für sich allein und unbeteiligt an der Trauer und Angst anderer Menschen leben. Fürbittge-

bet und solidarisches Handeln gehören unmittelbar zusammen, beides trägt einander und bringt Gott in all unser Hoffen.

### Das hat mit uns zu tun

Christliches Beten fordert mich mit meiner ganzen Person heraus. Beten ist unbequem. Ich kann die soziale Verantwortung nicht loswerden und mich freikaufen, indem ich statt konkret etwas zu tun lieber Gott bitte. Vielmehr nimmt mich Beten selbst beim Wort. Statt leerer Worte fordert es von mir, meinen konkreten Beitrag zu leisten und zur Lösung beizutragen. Glaube und Leben bilden eine Einheit. Als Christ bin ich auch Bürger dieser Welt und trage für sie Verantwortung.

Damit hinterfragt das fürbittende Gebet auch immer wieder meinen Glauben und mein Gottesbild. Habe ich vielleicht die bequeme Vorstellung, dass Gott alles richten wird? Dass Bitten allein als gelebter Glaube ausreicht? Bittgebete sind keine Wunschzettel. Stattdessen bieten sie mir die Möglichkeit, mich mit einem Problem oder einer Situation auseinanderzusetzen und Handlungsoptionen zu entwerfen. Dabei werde ich an Grenzen meiner Möglichkeiten stoßen, werde erleben, dass ich nicht «allmächtig» bin. Gerade diese Grenzen und meine teilweise Hilflosigkeit kann ich vor Gott bringen. Ihn kann ich dann bitten, dass auch er seinen Teil zum Gelingen beiträgt. Unsere Aufgabe als Christen ist es, uns weder aus der Welt zu verabschieden, noch zu meinen, dass wir alle Probleme lösen können. Wir müssen das uns Mögliche leisten, um so ein Stück des Reiches Gottes schon hier auf Erden zu verwirklichen.

## Das sollen Kinder verstehen

Kinder pflegen einen ungezwungen Umgang mit Gott. Anfangs erzählen sie ihm von sich und erwarten weniger eine Lösung ihrer Probleme. Das Bittgebet kommt erst später in der Entwicklung. Als Erwachsene kommt uns dabei die Aufgabe zu, die Kinder realistisch beten zu lehren. Wenn sie anfangen, Verantwortung auf Gott abzuwälzen, erzeugt dies ein falsches Gottesbild, das zwangsläufig in die Enttäuschung führen muss, weil Gott die Gebete nicht erhört hat. Darum sollen Kinder entsprechend ihrem Alter lernen, sich Gott anzuvertrauen und eigene Wünsche zu formulieren. Dabei dürfen sie aber nicht erwarten, dass Gott diese zwingend erfüllen muss. Kinder können aber beim Beten überlegen, wie sie selbst aktiv werden und was sie beitragen können, dass sich die Situation ändern kann.

## Das können wir miteinander tun

Ausgehend von einer Geschichte reflektieren Eltern und Kinder, wo sie in ihrem Umfeld Ungerechtigkeit, Armut, Streit oder Zerstörung wahrnehmen. Es kann überlegt werden, inwieweit jeder einzelne von uns daran seinen Anteil hat. Welche Handlungsmöglichkeiten bestehen, um an der Veränderung und Verbesserung dieser Situationen mitzuarbeiten? Welchen Beitrag kann jeder einzelne von uns leisten?

### *Die kleine Blume*

Es war einmal eine kleine Blume, die stand mitten in der Wüste; war es nur eine Wüste aus Sand oder aus Stein – jedenfalls war es eine Wüste. Täglich wartete

die kleine Blume auf einen Regentropfen. Immer hatte man ihr erzählt, wie wichtig und schön Regen sei. Doch wenn es wirklich nach Regen roch, kamen die Geier und fingen alle Hoffnung ab. Mit Mühe hielt sich die kleine Blume im lockeren Boden und hatte einfach Angst. Angst vor der sengenden Hitze, Angst vor der Einsamkeit, Angst vor dem nächsten Sturm. Eines Tages sah ein Kolibri ihre Traurigkeit und erzählte davon den anderen Tieren weiter.
Der Stier hatte kein Interesse. Für ihn galt nur, was stark ist. Auch der Bernhardiner blieb kalt, ihn rührte nichts. Sein Hobby war die Langeweile. Und die Elster, die immer so große Töne schwang, sagte, sie habe zu viele Termine und wirklich keine Zeit.
Da war der Kolibri verzweifelt; denn was sollte er, ausgerechnet der Kleinste, tun? Es konnte doch nicht wahr sein, dass sich die anderen Tiere drückten! Da schwirrte er kurz entschlossen zu den Ameisen und berichtete ihnen von der großen Traurigkeit der Blume.
Ohne zu zögern, bildeten die kleinen Tiere eine lange Kette, schleppten Grassamen und Früchte bis an die Blume, benetzten alles ein wenig mit Tau, und es dauerte nicht lange: Da wuchs Leben mitten in der Wüste, und die kleine Blume entwickelte sich zu einem strahlenden Glanz, den ihr niemand zugetraut hatte. Und alles war nur möglich, weil der Kolibri die Ameisen benachrichtigt hatte.

*Quelle unbekannt*

***Impuls:***

- Welche Rolle spielt der Kolibri bei der «Rettung» der Blume?
- Wo sehen wir in unserem Umfeld «Blumen», für die wir uns einsetzen können?
- Wir überlegen, wie wir uns für jemanden oder etwas einsetzen können und planen eine Aktion, z.B. besuchen wir die kranke Nachbarin, wir machen den ersten Schritt nach einem Streit und bitten unsere Freundin um Entschuldigung. Oder wir sammeln auf unserem Spielplatz oder entlang einer Straße gemeinsam den Müll ein, den andere dort immer wieder gedankenlos fallen lassen.

*Lied: Ubi caritas*

*Text: Liturgie / Melodie: Jacques Berthier (1923-1994)*

*(Übersetzung: Wo die Liebe ist, da ist Gott.)*

***Gebet***

Herr, mach mich zu einem Werkzeug deines Friedens,
dass ich liebe, wo man hasst;
dass ich verzeihe, wo man beleidigt;
dass ich verbinde, wo Streit ist;
dass ich die Wahrheit sage, wo Irrtum ist;
dass ich Glauben bringe, wo Zweifel droht;
dass ich Hoffnung wecke, wo Verzweiflung quält;
dass ich Licht entzünde, wo Finsternis regiert;
dass ich Freude bringe, wo der Kummer wohnt.
Herr, lass mich trachten,
nicht, dass ich getröstet werde,
sondern dass ich tröste;
nicht, dass ich verstanden werde,
sondern dass ich verstehe;
nicht, dass ich geliebt werde,
sondern dass ich liebe.
Denn wer sich hingibt, der empfängt;
wer sich selbst vergisst, der findet;
wer verzeiht, dem wird verziehen;
und wer stirbt, der erwacht zum ewigen Leben.

*Franz von Assisi*

### Schlussimpuls für Eltern

Herr, unsere Erde ist nur ein kleines
Gestirn im großen Weltall.
An uns liegt es, daraus einen Planeten zu machen,
dessen Geschöpfe nicht von Kriegen gepeinigt werden,
nicht von Hunger und Furcht gequält,
nicht zerrissen in sinnlose Trennung
nach Rasse, Hautfarbe oder Weltanschauung.
Gib uns den Mut und die Voraussicht,
schon heute mit diesem Werk zu beginnen,
damit unsere Kinder und Kindeskinder
einst mit Stolz den Namen Mensch tragen.

*Gebet der Vereinten Nationen*

# 5. Von Gott und vom Gebet in anderen Religionen

*Albert Biesinger*

**Glauben alle Menschen, die beten, an denselben Gott? Ist der Gott, zu dem Esma und Mustafa beten, ein anderer? Gibt es nur einen Gott oder viele Götter? Wenn es nur einen Gott gibt, warum gibt es dann verschiedene Religionen? Warum falten die einen beim Beten die Hände und die anderen werfen sich auf den Boden?**

### Das wissen wir dazu

Wir Menschen können mit den Möglichkeiten unseres Verstandes nur begrenzt die Wirklichkeit wahrnehmen. «Gott» ist der Versuch der Menschen, Unaussprechbares, Unsagbares und eine Wirklichkeit, die unsere menschlichen Möglichkeiten weit übersteigt, in ein Wort zu fassen. Dass wir aber die Möglichkeit haben, über uns selbst hinaus zu fragen, unterscheidet uns von den Tieren. Die Zeugnisse der frühen Menschheit belegen, dass schon in den Höhlenzeichnungen vor 15 000 Jahren Menschen religiöse Symbole gemalt und sich auf ihre Weise religiöse Gedanken gemacht haben.

Konsequenterweise haben sich in den verschiedenen Kulturen auch verschiedene religiöse Suchbewegun-

gen entwickelt. Schaut man diese verschiedenen religiösen Wege an, dann findet man verschiedenste Gottesvorstellungen. Da gibt es religiöse Ideen, die sehr angstbesetzt sind, bei denen die Menschen meinten, Gott Kinder zu opfern müssen. Andere Vorstellungen gehen davon aus, dass wir immer wieder neu geboren werden müssen, um zu Gott aufzusteigen. Zur Zeit Jesu glaubten die Griechen und Römer an ganz unterschiedliche Götter, beispielsweise an den Kriegsgott, den Liebesgott oder den Sonnengott. Und alle diese Götter hatten konkrete Namen, ihnen wurden Eigenschaften zugeschrieben und Tempel gebaut. Eine Zeit lang beteten die Römer ja sogar ihren Kaiser wie einen Gott an, selbst wenn er ein Verbrecher war.
Heute lächeln wir über diese Religionen. Aber unser Glaube hat sich in der Auseinandersetzung mit – teilweise auch im Gegensatz zu – den älteren Vorstellungen entwickelt. Man muss diesen Zusammenhang kennen, um diese «Revolution» zu verstehen, die der Glaube an den einen Gott Jahwe, den Gott Israels, bewirkt hat. Es ist der Glaube an *einen* einzigen Gott, der sich zudem nicht im Bild darstellen lässt und sich den menschlichen Vorstellungen immer auch entzieht. Die Menschen, die an Jahwe glauben, sollen sich gerade keine Bildnisse von Gott machen wie etwa ein goldenes Kalb. Und mehr noch: Gott sagt Abraham, dass der seinen Sohn Isaak eben nicht opfern muss. Er befreit sein Volk aus der Knechtschaft in Ägypten und erweist sich als befreiender Gott. Dieses Gottesbild ist im ersten Gebot der Zehn Gebote ausgedrückt: «Ich bin Jahwe, dein Gott, der dich aus Ägypten geführt hat, aus dem Sklavenhaus. Du sollst neben mir keine

anderen Götter haben. Du sollst dir kein Gottesbild machen und keine Darstellung von irgendetwas am Himmel droben, auf der Erde unten oder im Wasser unter der Erde» (Exodus 20,2–4).
Die Anfänge der Entwicklung des Glaubens an den einen Gott im Judentum reichen lediglich 2000 Jahre vor die Geburt Jesu zurück. Von heute aus betrachtet liegen die Erfahrungen der Jüngerinnen und Jünger mit Jesus als dem Sohn Gottes auch «nur» 2000 Jahre zurück. Bei der Vorstellung des jüdisch-christlichen Glaubens an den einen Gott haben wir es also mit einem sehr kurzen Zeitraum der Menschheitsgeschichte zu tun. Ganz offensichtlich hat sich in dieser Phase ein deutlicher Schritt im religiösen Bewusstsein der Menschheit vollzogen. Der Islam weist im Koran viele jüdische und christliche Anklänge, aber auch ganz erhebliche Unterschiede auf. Mohammed (geb. um 570 in Mekka, gest. am 8. Juni 632 in Medina), der den Koran als direkte Offenbarung Gottes an sich versteht, weist entschieden darauf hin, dass es nur einen Gott gibt: Allah. Judentum, Christentum und Islam verbindet also der Glaube an den einen Gott. Allerdings sind die Vorstellungen von dem einen Gott verschieden – und sie dürfen auch verschieden sein. Möglicherweise ist es so, dass Gott so völlig anders ist, dass er mit einer Vorstellung alleine gar nicht geglaubt werden kann.

### Das hat mit uns zu tun

Und jetzt werden Sie vielleicht fragen: An welchen Gott soll ich jetzt glauben? Als christlicher Theologe kann ich ohne Probleme sagen: Für mich ist der christ-

liche Weg der wahre Weg mit Gott und zu Gott: Der Glaube, dass Gott als Schöpfer die Welt erschaffen hat und auch in dieser Sekunde weiter erschafft. Dass Jesus Christus, sein Sohn, aus der göttlichen Welt gekommen ist und das Kreuz und das Leid dieses menschlichen Lebens selbst bis an das bittere Ende durchlitten hat, aber nicht im Tod geblieben, sondern auferweckt worden ist. Und der Glaube an den Heiligen Geist, der uns in dieser Welt von innen her durchdringt, uns Kraft gibt zum Weitergehen und uns vollenden wird. Der Glaube also an Gott den Vater, den Sohn und den Heiligen Geist – wie wir dies im Glaubensbekenntnis beten –, der mein Gott ist, für mich und für die Menschen.
Dass andere Menschen dies ganz anders sehen und verstehen und als jüdische Gläubige an der Klagemauer in Jerusalem oder als Muslime in den Moscheen beten, ist ihre Wahrheit und ihr Weg.
Gibt es dann gar keine gemeinsame Wahrheit? Als Christ glaube ich, dass Jesus Christus für alle Menschen am Kreuz gestorben ist; auch für diejenigen, die daran nicht glauben können. Daraus ergibt sich eine Spannung im Denken. Aber wer sagt, dass es im Blick auf Gott keine Geheimnisse und unlösbaren Vorstellungen geben darf? Sich gerade auch angesichts dieses großen Geheimnisses Gott anzuvertrauen, ist das Beste, was die Gläubigen der großen Religionen tun können.
Sehr wichtig ist es allerdings, sich religiös zu verständigen. Das heißt: Die anderen auf ihrem Weg, wie sie glauben, zu würdigen; zugleich aber das Eigene dankbar liebgewinnen. Wer an Gott glaubt, ist mit anderen

Menschen, die auch an Gott glauben, von vorneherein innerlich verbunden. Eine wichtige Leitlinie kann sein: Gemeinsamkeiten stärken, Unterschieden gerecht werden. Man sollte die Unterschiede auf keinen Fall vertuschen und wegradieren wollen. Möglicherweise ist gerade in diesen Unterschieden das Geheimnis verborgen. Den Unterschieden gerecht werden zu wollen bedeutet mehr als sie einfach missmutig in Kauf zu nehmen, weil es eben nicht anders geht oder weil es sonst zu Kriegen kommt.

Gott weint, wenn die Menschen, die an ihn glauben, sich seinetwegen gegenseitig bekämpfen, unterdrücken, verspotten oder sogar töten. Für diese Irrwege der Religionen finden wir in der Geschichte der Menschheit zahllose blutige Zeugnisse. In den Religionen selbst ist ein selbstkritischer Reinigungsprozess fällig. Es gilt, von der inneren Struktur aus zu denken, dass Gott es mit den Menschen gut meint und dass alle Menschen «Kinder Gottes» sind.

Oft freunden sich Kinder in der Schule mit Kindern anderer Religionen an. Wenn Eltern dies verhindern, wird den Kindern möglicherweise eine wichtige Lernerfahrung genommen. Und dennoch ist es wichtig, darauf zu achten, dass Kindern nicht etwa Ängste eingetrichtert werden, dass sie als «Ungläubige» in die Hölle kommen nur weil sie Christen und Christinnen sind. Angstmachende Gottesbilder gibt es in allen Religionen. Umso wichtiger ist es, im Kontakt mit den Kindern die befreiende Nähe Gottes, die Geborgenheit in seiner Hand und vor allem auch die Hoffnung, dass mit dem Tod nicht alles aus ist, entschieden hervorzuheben und zu betonen. Andererseits ist es jedoch genauso wichtig, sich ohne Ängste mit den Anliegen und Inhalten anderer Religionen zu beschäftigen. Mehr denn je brauchen Kinder heute Kompetenzen zur religiösen Verständigung.

### Das sollen Kinder verstehen

Kinder stehen im alltäglichen Dialog mit Kindern anderer Religionen. Dadurch können sie verunsichert werden. Sie sollten deshalb lernen und verstehen, dass es verschiedene Wege zu Gott gibt. Dass Menschen ganz von ihrem eigenen religiösen Weg überzeugt sein können, ohne die Religion anderer Menschen abzuwerten. Selbstbewusst Christin oder Christ zu sein ist für Kinder heute eine wichtige Fähigkeit und für uns alle eine religiöse Bildungsaufgabe.
Sich gegenseitig zu achten, wenn andere Vorstellungen über Gott ins Gespräch kommen, wenn andere anders beten und ihren eigenen religiösen Weg suchen, ist grundlegend. Wenn wir nicht wollen, dass es auch bei uns religiöse Konflikte gibt, müssen die Kinder von heute rechtzeitig lernen, den Weg der religiösen Verständigung und der gegenseitigen Achtung zu gehen. Hilfreich ist es, wenn Kinder wissen wollen und erfahren, wie andere Kinder beten. Sie beschäftigen sich dann noch einmal auf eine andere, oft interessiertere Weise mit den Gebeten der eigenen Religion. Auf diesem Wege lernen sie aber auch, dass es ernsthafte Unterschiede zwischen den religiösen Vorstellungen gibt und dass es wichtig ist, sich mit diesen Unterschieden auch auseinanderzusetzen.

## Das können wir miteinander tun

Kinder sind für den interreligiösen Dialog erheblich mehr befähigt, wenn sie zu Hause eine für sie stimmige religiöse Kommunikation und Dramatik erlernen können. Wer in seiner eigenen Religion verwurzelt und beheimatet ist, muss andere Menschen mit einem anderen religiösen Hintergrund nicht herabsetzen. Vorurteile haben in der Regel solche Menschen, die sich ihres religiösen Weges unsicher sind, die sich minderwertig gegenüber anderen Menschen fühlen. Meist entsteht das Gefühl der Minderwertigkeit aber nicht nur in einem Bereich wie Religion, sondern aus der gesamten Lebenssituation heraus.

Für die Kinder ist es deshalb sehr wichtig, in ihrer Familie den Weg mit Gott entdecken und gemeinsam mit ihren Eltern realisieren zu können. Dies kann über einfache Rituale gehen:

- Das Kind am Morgen, wenn es aus dem Haus geht, mit einem Kreuzzeichen auf die Stirn segnen.
- Vor dem Essen ein kurzes Dankgebet sprechen.
- Am Abend einen gemeinsamen Tagesrückblick (eine ganz persönliche «Tagesschau») machen, der im Danken und Bitten in ein direktes Sprechen und Beten zu und mit Gott einmündet.

Im Vorleben von Toleranz, Interesse und Wertschätzung anderen Religionen gegenüber werden diese Haltungen auch in den Kindern geweckt. Konkret können Sie sich gemeinsam mit Ihren Kindern erkundigen, was in den verschiedenen Religionen wichtig ist, wie die Gläubigen denken und fühlen und wie sie ihre Religion praktizieren. Als Einstieg können Sie folgende Texte gemeinsam lesen (zur Vertiefung: Angela Weinhold, Wieso? Weshalb? Warum? Unsere Religionen, Ravensburg 2008).

***Wie sprechen Juden mit Gott?***
Im Judentum spielt das gemeinsame Gebet eine wichtige Rolle. Zu den festen Gebetszeiten, zum Gottesdienst am Sabbat – das ist der Samstag – oder an Feiertagen treffen sie sich in der Synagoge, aber auch zu Hause wird oft gebetet. In der Synagoge sitzen Männer und Frauen getrennt, mit Blick in Richtung Jerusalem. Männer und Jungen tragen zum Gebet die Kipa, das ist eine kleine, runde Kappe, und einen Gebetsmantel, den Tallit. Am Anfang des Gottesdienstes wird die Thorarolle aus dem Schrein geholt und zum Lesepult getragen. Auf der Thorarolle sind die Texte geschrieben, die wir in der Bibel in den ersten fünf Kapiteln finden. Hauptgebet ist das jüdische Glaubensbekenntnis, das «Sch'ma Israel». Neben den Gebeten auf Hebräisch sind außerdem die Gesänge wichtig.

***Wie sprechen Christen mit Gott?***
Im Neuen Testament wird erzählt, wie Jesus seine Jünger das Vaterunser lehrt. Dieses Gebet wird heute in vielen Sprachen überall auf der Welt gesprochen. Der Sonntag ist der Ruhetag der Christen, an dem die meisten von ihnen zum Gottesdienst in die Kirche gehen. Allerdings ist die «Kirche» für sie nicht nur das Haus Gottes, sondern auch die Gemeinschaft der Gläubigen. Daneben wird auch zuhause und unterwegs gebetet, alleine oder gemeinsam.

***Wie sprechen Muslime mit Gott?***

Muslime können überall beten. Fünfmal am Tag ruft der Muezzin vom Minarett, dem Turm der Moschee. Dann unterbrechen die Gläubigen ihre Beschäftigung, waschen sich rituell, breiten einen Gebetsteppich aus und knien nieder. Beim Gebet verneigen sie sich in Richtung Mekka, so dass die Stirn den Boden berührt. Am Freitag versammelt man sich in der Moschee, was übersetzt «Ort der Niederwerfung» bedeutet. Dort wird gebetet und die Predigt des Imams gehört. Wie auch bei den Juden beten Männer und Frauen getrennt voneinander.

Spannend und aufschlussreich ist es auch zu überlegen, wo sich die nächste Moschee und die nächste Synagoge befinden, und ob Sie und ihre Kinder Juden, Muslime oder Menschen mit anderen Religionen kennen.

# 6. Vom Gebet in der Tradition

*Albert Biesinger*

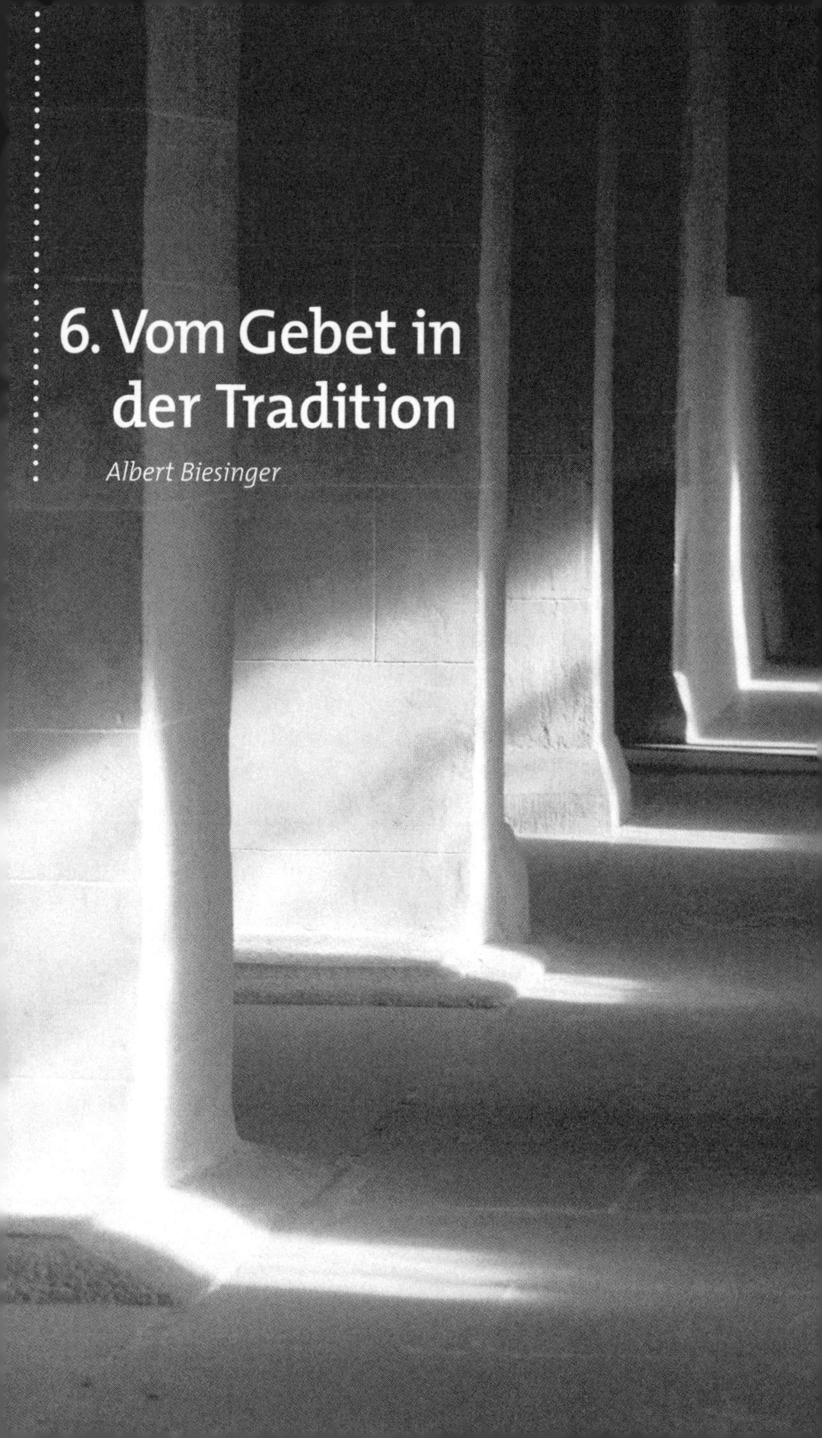

# Betet Oma anders? Warum eigentlich? Warum ist Jesus für mich gestorben, hätte er doch nicht müssen? Kann ich auch zu Maria beten? Wie kann ich vor dem Mittagessen beten, wenn ich nicht nur «Danke Gott» sagen möchte?

## Das wissen wir dazu

Die Formulierung von Gebeten ist zeitbedingt. Ein Satz wie «Ich danke dir Herr Jesus Christ, dass du für mich gestorben bist, ach lass dein Blut und deine Pein an mir doch nicht verloren sein» klingt in unseren Ohren fremd. Mit Kindern würde ich dieses Gebet auch lieber nicht beten. Denn mit einem unserer eigenen Kinder habe ich folgende Erfahrung gemacht:

Wir besuchten am Sonntagnachmittag mit Besuch aus Berlin die Universitätskirche in Freiburg. Unser Sohn, gerade acht Wochen in der ersten Klasse und damit auch im Religionsunterricht, ging in die erste Bank und betet dieses Gebet. Ich wunderte mich und dachte: «Bei mir hat er das aber nicht gelernt.» Beim Hinausgehen fragte er mich: «Du Papa, warum ist der eigentlich für mich gestorben, hätte er doch nicht müssen.» Ihm war es richtig peinlich, dass Jesus für ihn gestorben ist.

Gebete offenbaren eine bestimmte Qualität der Beziehung zu Gott. Jesus ist als Sohn Gottes in diese

Welt von Leid und Not gekommen, er hat das Leid dieser Welt und den Tod am Kreuz durchgemacht, um uns aus dieser Not herauszulösen, zu er-lösen – diese Argumentation lernen Kinder durch solche Gebete jedoch nicht zu verstehen. Unser Sohn hat davon vielmehr ein ganz schlechtes Gewissen bekommen. Aber genau das darf nicht passieren.
Es wird deutlich, wie sensibel Eltern sowie Lehrerinnen und Lehrer mit religiösen Vorstellungen umgehen müssen. Wir dürfen Kindern keine Gebete lehren, die sie in große Gewissensnöte oder Probleme bringen.
Wenn man mit Kindern zunächst beginnt in eigener Sprache mit Gott zu beten, kommt bei ihnen nach und nach auch das Bedürfnis auf, andere Gebete wie das Vaterunser zu lernen. Erzähl-Gebete sind für Kinder ein guter Einstieg. Schritt für Schritt ist es ebenso eine Fortentwicklung, wenn Kinder vorformulierte Gebete wie das Vaterunser oder Tischgebete sprechen. Diese Gebete sind wie eine Grundsicherung für das eigene Beten. Gleichzeitig verbindet uns etwa das Vaterunser weltweit mit Menschen, die dieses Gebet zum selben Vater im Himmel beten. Genau dadurch werden wir in einer besonderen Weise zu Geschwistern.
Zahlreiche traditionelle Gebete wurzeln in der Bibel, sowohl im Alten als auch im Neuen Testament. Eines der Bekanntesten ist das «Sch'ma Israel» – «Höre, Israel! Jahwe, unser Gott, Jahwe ist einzig!» (Deuteronomium 6,4). Das Volk Israel hat dieses Gebet als eine Erfahrung und eine Erkenntnis Gottes formuliert und gebetet. Solche Gebete sind wie eine gewonnene, verdichtete Beziehungserfahrung mit Gott, die in Worte

gefasst wird. Dasselbe gilt für das christliche Vaterunser (Matthäus 6,9–13). Sein Text, den Jesus seine Jünger zu beten gelehrt hat, geht auf das jüdische 18-Bitten-Gebet zurück – ein schönes Beispiel für die Verwurzelung des Christentums im Judentum.
Zur Tradition der katholischen Kirche gehören auch Heiligengebete – man denke nur an Stoßgebete in Richtung des Heiligen Antonius, wenn man den Autoschlüssel wieder mal nicht findet. Oder natürlich das Ave Maria, wo es am Ende heißt: «Heilige Maria, Mutter Gottes, bitte für uns Sünder, jetzt und in der Stunde unseres Todes.» Aber wie ist denn das, beten wir damit plötzlich zum Heiligen Antonius oder zu Maria und nicht mehr zu Gott?
Die Antwort darauf ist eindeutig: Katholiken beten direkt zu Gott, die Anbetung von Heiligen ist nicht erlaubt. Dennoch ist es verständlich, dass bei Nichtkatholiken ein anderer Eindruck entsteht. Heilige sind im katholischen Verständnis Menschen, die in herausragender Weise das Evangelium vorbildlich gelebt haben; zum Teil sind sie für ihr Glaubenszeugnis sogar gestorben. Sie haben nicht Mittlerfunktion in dem Sinne, dass sie wie eine Trennwand zwischen Mensch und Gott oder als eine Brücke zwischen Mensch und Gott zu verstehen sind.
«Heilige Maria, Mutter Gottes, bitte für uns!» oder «Heiliger Antonius, hilf!» – aber was ist nun theologisch damit gemeint? Ein Beispiel: Ein Mensch ist schwer krank, Freunde besuchen ihn und er bittet sie: «Betet für mich, ich kann euer Gebet gut brauchen.» Dies ist eine solidarische Qualität von gemeinsamer Hinwendung zu Gott. Der Unterschied: *zu* Heiligen

beten oder *mit* Heiligen beten. Heilige sind Menschen, mit denen wir auch der Vergangenheit der Kirche begegnen, sie sind Beispiele für die Nachfolge der biblischen Geschichten. In der Liturgie wird darauf hingewiesen, dass wir *mit* ihnen zu Gott beten. Es geht keineswegs darum, eine Vermittlungsinstanz einzubauen, ohne die man sich nicht an Gott wenden kann. Vielmehr werden die Heiligen gebeten, in bleibender Gemeinschaft mit uns für andere Menschen zu Gott zu bitten.

Im Glaubensbekenntnis wird gebetet: Ich glaube an die «Gemeinschaft der Heiligen». Im Gebet «Heilige Maria, bitte für uns» wird also nach katholischem Verständnis die Gemeinschaft der Heiligen konkret. Selbstkritisch muss die katholische Kirche sich fragen, ob durch ihre konkrete Praxis und die Formen der Heiligenverehrung bisweilen nicht zu Unrecht der Eindruck von Anbetung entsteht. Zweifelsohne sind dabei verschiedene kultische Ausdrucksformen zu hinterfragen.

Die «Gemeinschaft der Heiligen» umfasst alle Menschen, die von Jesus Christus in der Taufe zu ihm gezogen sind. Sie sind nicht tot, wenn sie gestorben sind. Sie leben bei Gott. Mit ihnen in Kontakt zu bleiben, mit ihnen zu sprechen und sie auch um ihre Hilfe und Fürbitte anzugehen widerspricht nicht dieser kritischen Distanz, dass die letzte Vollendung lediglich aus Gott geschieht – und nicht aus menschlicher Kraft oder menschlichen Gebeten. Auch wir geben die Verstorbenen zurück in Gottes Hand.

Dass sie in Verbindung mit uns bleiben ist der tiefste Grund dafür, dass wir sie auch um etwas bitten. Ein

Beispiel: der Schwerkranke, der seine Freunde bittet: «Betet für mich.» Dies ist ohne Frage theologisch richtig. Wenn aber mein Vater und meine Mutter bereits tot sind, warum soll ich sie nicht auch bitten, dass sie für mich beten? Dies setzt natürlich den Glauben voraus, dass die Verstorbenen nicht tot sind, sondern dass es eine Gemeinschaft über den Tod hinaus gibt und wir in geistiger Verbindung mit ihnen stehen. Dies hat nichts mit Totenkult zu tun, im Gegenteil. Es geht um die Verwirklichung der Kommunikation mit Lebenden.

Die andere Ebene von Heiligenverehrung ist auf der Vorbildebene anzusiedeln. Modelle christlicher Existenz in konkreten geschichtlichen, zum Teil problematischen Situationen wie Christinnen und Christen im Konzentrationslager, Franz von Assisi in der moralisch zerrütteten Kirche seiner Zeit oder Mutter Teresa in Kalkutta, wo Menschen auf der Straße sterben. Diese Dimension von christlichem Verhalten ist ebenso ein Teil der Heiligenverehrung.

### Das hat mit uns zu tun

Zu einer bestimmten Tageszeit – meist vor dem Essen oder am Abend – immer wieder ein bestimmtes Gebet zu sprechen, gibt den Kindern Halt. Sie lernen ein Gebet, auf das sie zurückgreifen können, das ihnen ein Stück Heimat bieten kann. Vielleicht kennen Sie selbst Gebete aus Ihrer Kindheit oder auch einem späteren Lebensalter, auf die sie intuitiv zurückgreifen; das können Gebete aus der Liturgie oder der Bibel sein, etwa das Vaterunser, oder ganz einfache Tischgebete wie das bekannte «Jedes Tierlein hat sein

Essen ...». Es lohnt sich, diese Gebete immer wieder ganz bewusst zu sprechen: Je nach Lebenssituation oder Tageszeitpunkt kann ein bisher belangloser Satz plötzlich ein ganz eigenes Gewicht, einen spezifischen Sinn bekommen.

Mit fest formulierten Gebeten wird die Verbindung zu Christinnen und Christen vergangener Zeiten, anderer Konfessionen oder auf anderen Kontinenten fassbar: So wie ich das Vaterunser bete, tun das auch Christinnen und Christen aller Konfessionen auf der ganzen Welt in ihren jeweiligen Sprachen. Eltern können das Vaterunser gemeinsam mit ihren Kindern beten und so die Verbindung bis hin zu Jesus, der seine Jünger dieses Gebet gelehrt hat, lebendig spüren. Katholiken und Orthodoxe beten ebenfalls auf der ganzen Welt das Ave Maria.

Ganz wichtig ist es, dass Kinder auch im Gottesdienst die großen Gebete kennen lernen und sie entsprechend mitbeten können – also nicht nur mitsprechen, sondern auch verstehen. Mit Kindern die Liturgie mitzufeiern ist der intensivste Weg für die Festigung von Gebetshaltungen und auch der Erfahrung des gemeinsamen Sprechens der traditionellen Gebete. Dass diese sich ständig wiederholen, hat seinen Sinn: Wir Menschen beheimaten uns in diesen Gebeten und werden gleichzeitig in Situationen, in denen wir nicht die Kraft zum freien Beten haben, auch von ihnen getragen.

Als Notfallseelsorger komme ich immer wieder in existentiellen Ausnahmesituationen in Familien oder zu einzelnen Menschen – zum Beispiel dann, wenn eine Familie gerade die Nachricht vom Unfalltod der Toch-

ter auf dem Heimweg von der Disco bekommen hat. In diesen schrecklichen Momenten mache ich immer wieder die Erfahrung, dass traditionelle Gebete helfen, das Schweigen zu brechen und in der Fassungs- und Sprachlosigkeit Kontakt mit den Mitmenschen und Gott aufzunehmen.
Traditionelle, fest formulierte Gebete sind eine wichtige und bereichernde Ergänzung für das persönliche, freie Gespräch mit Gott. Bekannte Gebete geben Halt in Ausnahmesituationen; die Verbindung mit anderen Betenden und der Tradition der Kirche sowie im Prozess des Verstehens der traditionellen Worte sorgt für neue Impulse.

## Das sollen Kinder verstehen

Direkt mit Gott sprechen zu können hilft uns in unserem täglichen Leben weiter. Kinder lernen dabei, dass sie in Gott einen persönlichen Ansprechpartner haben, an den sie sich immer wenden können. Selbst in Krankheit und Verzweiflung, in Situationen von Todesfällen im Umfeld oder anderen persönlichen Nöten können wir mit Gott im Kontakt bleiben und ihm alles sagen – auch als Klage und Anklage. Damit lernen Kinder, ihr alltägliches Leben zu reflektieren und auch sprachlich in Beziehung mit Gott zu kommen.
Es gibt aber auch vorformulierte Gebete, welche die Kinder oft aus der Schule, dem Religionsunterricht, von älteren Geschwistern oder von Verwandten kennen. Manche davon gibt es in fast allen Sprachen der Welt und sie werden, wie das Vaterunser, von Christinnen und Christen aller Konfessionen gebetet. Diese

Menschen werden für uns in einer besonderen Weise Geschwister, eben weil sie zum selben Vater beten. Vorformulierte Gebete sind außerdem wie ein «Grundwortschatz» für das eigene Beten. Weil wir sie kennen, können wir sie immer und überall sprechen. Auch und besonders dann, wenn wir so verzweifelt sind, dass uns alle anderen Worte fehlen.

## Das können wir miteinander tun

Kinder erst zu lehren, in ihrer eigenen Denkform und Sprache direkt mit Gott zu sprechen, ist ein sehr praktikabler, religionspädagogisch empfehlenswerter Weg. Darauf aufbauend können Sie Ihr Kind an die traditionellen und vorformulierten Gebete heranführen.

### *Interview mit Oma und Opa*

Um Gebete kennen und verstehen zu lernen, kann es für Kinder sehr interessant sein, Oma oder Opa (oder andere ihnen nahestehende ältere Menschen) zu befragen, wie sie als Kinder früher beten gelernt haben, welche Gebete sie kennen und wer sie mit ihnen gebetet hat. Welche Gebete sind für sie heute noch wichtig, und in welchen Situationen sprechen sie diese Gebete?

### *Christliche Grundgebete*

Die christliche Tradition kennt zahlreiche Gebete, die – manchmal mit entsprechenden Erklärungen – für Kinder verständlich und passend sind. Das bekannteste Gebet ist das Vaterunser. Jesus hat es seine Jünger gelehrt. Es wird auf der ganzen Welt in vielen verschiedenen Sprachen gebetet:

Vater unser im Himmel,
geheiligt werde dein Name.
Dein Reich komme.
Dein Wille geschehe,
wie im Himmel so auf Erden.
Unser tägliches Brot gib uns heute.
Und vergib uns unsere Schuld,
wie auch wir vergeben unseren Schuldigern.
Und führe uns nicht in Versuchung,
sondern erlöse uns von dem Bösen.
Denn dein ist das Reich und die Kraft
und die Herrlichkeit in Ewigkeit.
Amen.

Für katholische und orthodoxe Christen ist auch das «Ave Maria» ein wichtiges Gebet. Es geht zurück auf die Anrede des Engels an Maria als er ihr die Geburt Jesu ankündigt (Lukas 1,28):

Gegrüßet seist du, Maria voll der Gnade,
der Herr ist mit dir.
Du bist gebenedeit unter den Frauen,
und gebenedeit ist die Frucht deines Leibes, Jesus.
Heilige Maria, Mutter Gottes,
bitte für uns Sünder
jetzt und in der Stunde unseres Todes.
Amen.

Wenn Sie das Gebet mit Ihrem Kind sprechen, ist es wichtig, die unbekannten Wörter zu erklären: «Gebenedeit» ist eine alte Form für «gesegnet»; der Wortstamm ist auch im Namen «Benedikt», «der Gesegnete», enthalten. Außerdem sollte über für Kinder vielleicht schwer verständliche Stellen – warum beten wir für die «Stunde unseres Todes»? – gesprochen werden.

Der Morgen, das Aufbrechen aus dem Haus, die Zeit vor dem Essen und vor dem Einschlafen – diese Momente prägen und stukturieren den Tag in besonderer Weise. Für das bewusste Erleben von Rhythmen empfehlen sich freie oder vorformulierte Gebete, die dem Kind Halt und Verlässlichkeit im Tagesablauf vermitteln. Hierzu finden Sie einige Gebete am Ende des nächsten Kapitels.

# 7. Von der Art und Weise zu beten

*Edeltraud Gaus*

# Wie kann ich beten? Hört mich Gott nur, wenn ich in der Kirche bete? Warum faltet man die Hände? Wieso beten wir vor dem Essen? Was soll ich Gott eigentlich sagen, wenn ich bete?

## Das wissen wir dazu

Beten ist etwas ganz Persönliches. Jesus selbst hat sich zum Beten häufig an einen einsamen Ort zurückgezogen, um mit Gott in Beziehung treten zu können. In der Bibel findet man die Aufforderung Jesu: «Du aber geh in deine Kammer, wenn du betest, und schließe die Tür zu; dann bete zu deinem Vater, der im Verborgenen ist. Dein Vater, der auch das Verborgene sieht, wird es dir vergelten.» (Matthäus 6,6) Dieser Satz ist gegen die Pharisäer gerichtet, die aus dem Beten eine öffentliche Darstellung machten, um gesehen zu werden. Jesus stellt dagegen klar, dass das In-Beziehung-Treten mit Gott zunächst ein Akt zwischen Ich und Du ist, ein persönliches Geschehen, bei dem der Betende in sich hineinhört, seine Gedanken und Gefühle ausdrückt und diese seinem Gegenüber anvertraut. Beten erfordert den Mut, eigene Gefühle, Gedanken, Wünsche und Fehler wahrzunehmen, sie in die Beziehung mit Gott einzubringen und auszusprechen. Dabei geht es auch um das Vertrauen darauf, dass Gott jemand ist, bei dem sich der Betende geborgen fühlt und in Sicherheit weiß. Die persönliche Bereitschaft, sich an Gott zu wenden, ist ein erster Schritt in Richtung Gebet.

Eine solche Gebetserfahrung kann allein oder in Gemeinschaft gemacht werden. Manche tun sich leichter, wenn sie alleine beten. Andere tun es bewusst im Gottesdienst oder in der Familie, weil die Gemeinschaft der Ort ist, wo Menschen sich ihres Glaubens an Gott vergewissern und somit gemeinsam in Beziehung zu Gott treten. Diese Gemeinschaft wird besonders im Vaterunser deutlich, dem Gebet, das Jesus uns gelehrt hat: Eine Gemeinschaft, welche die Menschen vor Ort und die Christenheit im Ganzen verbindet.

Beten braucht geeignete Umstände. Neben dem richtigen Ort sind auch passende Zeiten zu suchen: Im Verlauf des Jahres bietet sich besonders der Advent oder die Fastenzeit an, um entweder wieder neu die Beziehung zu Gott zu pflegen oder sie zu intensivieren. Regelmäßigkeit ist für gelingendes Gebet sehr hilfreich; es empfiehlt sich, für das Gebet eine feste Zeit im Tagesablauf zu wählen, beispielsweise am Abend vor dem Einschlafen oder in der ersten Stunde am Morgen. Das kirchliche Stundengebet, wie es Ordensleute und Priester morgens und abends beten, kann helfen, den Tag mit dem Gebet zu umrahmen und so das ganze Denken und Tun des Tages in einen festen Rhythmus einzuordnen. Wichtig ist, den Zeitpunkt und die Häufigkeit nach den eigenen Bedürfnissen zu wählen.

Beten ist meist mit begleitenden Zeichen und bestimmten Haltungen verbunden, die den Körper äußerlich auf das Gebet einstellen und eine entsprechende Sammlung und Konzentration ermöglichen. Mit dem Kreuzzeichen zu Beginn und zum Abschluss des Gebetes macht der Betende deutlich, dass er Christ ist, und bekennt in Kurzform den Glauben an den dreieinigen Gott. Zugleich ist es eine Geste, die das Gebet eröffnet und abschließt.

Die Haltung der Hände beim Gebet kann ganz unterschiedlich sein: Gefaltet, die Handflächen aneinander gelegt oder zum Himmel erhoben drücken sie immer Ehrfurcht aus und spenden Ruhe und Konzentration. Körperhaltung und -sprache stehen in Zusammenhang mit dem inneren Erleben und Empfinden des Betenden: Im Sitzen drückt der Betende aus, dass er sich Zeit nimmt und sich sammeln will. Er ist bereit zu hören, was Gott ihm zu sagen hat. Im Stehen drückt sich aus: «Gott, ich stehe vor dir. Sieh mich an. Ich will dein Wort annehmen und in die Tat umsetzen.» Im Knien oder in der Verneigung kommen eine intensive Bitte und die Unterwerfung unter Gottes Willen zum Ausdruck: «Gott, ich bin klein vor dir, höre mein Gebet!» Diese Ausdrucksformen des Betens sollte sich der Betende in ihrer Bedeutung immer wieder bewusst machen. Letztlich sind jedoch auch viele andere Gesten denkbar. Wichtig ist dabei, dass eine äußere Haltung die innere Haltung unterstützt und beide sich gegenseitig entsprechen.

Ein Gebet kann auf ganz unterschiedliche Weise zum Ausdruck gebracht werden. Die gängigste Form ist das gesprochene Gebet, entweder frei formuliert oder unter Verwendung von Gebetsformeln. Ebenso sind Formen des Singens, Tanzens, Musizierens oder Schweigens, des künstlerischen Gestaltens, des Han-

delns oder des geistigen Verstehens denkbar. Auch hier sollen jedoch äußere Form und innerer Ausdruck stimmig sein. Letztlich kann sogar das eigene Leben zum Gebet werden, nämlich dann, wenn der Mensch in der Gegenwart Gottes lebt und sein Denken und Handeln aus seiner Gottesbeziehung inspiriert ist. Auf diese Weise fordert und fördert das Gebet eine aufmerksame und verantwortliche Lebenshaltung.
Wichtig ist auch die Vorbereitung des Gebets: Es ist hilfreich, nicht ins Gebet hineinzuhetzen, sondern sich vor dem Gebet in Ruhe zu sammeln und die gewählten gebetsvorbereitenden Zeichen und Rituale aufmerksam zu vollziehen: beispielsweise bewusst in den Gebetsraum als Ort Gottes eintreten, den Gebetsplatz aufsuchen, sich (mit Weihwasser) bekreuzigen, auf den eigenen Atemrhythmus achten, eine Kerze als Symbol für Christus anzünden, eine Kniebeuge oder Verneigung machen. Zur inneren Sammlung führt ein aufmerksames Wahrnehmen des eigenen Leibes, Schritt für Schritt. Eine der wichtigsten Hilfen, um ein Bewusstsein für den Körper zu bekommen, ist das Atmen. Zum einen verhilft es dazu, den Geist zu sammeln, zum anderen fördert es die seelische Entspannung. Dieses Körperbewusstsein, das leibhaftige Gegenwärtig-Sein, kann dann entschieden zu einem *ganz Dasein* für Gott werden. In dieser inneren Ruhe und Stille kann echte Begegnung stattfinden. Für den Betenden ist es so möglich, in sich hineinzuhorchen, sich selbst zu erforschen und sich für das Gespräch mit Gott zu öffnen. Es gibt ihm die Chance, sich selbst wahrzunehmen und auf andere Weise zu erleben. Der betende Mensch kann die Dinge mit anderen Augen

sehen und in ihrer anderen Dimension wahrnehmen lernen. Es findet ein Dialog mit Gott statt, durch den der Betende lernt, sich selbst sowie seine Beziehung zu Gott, zu den Mitmenschen und zur Welt besser zu verstehen, um dann einen verantwortungsvollen Umgang in diesen Beziehungen zu finden.

### Das hat mit uns zu tun

Das Beten hat mit unserem Innersten zu tun. Besteht der Wunsch, sich dem Beten vertiefend oder von neuem anzunähern, geht es zunächst darum, das eigene Leben bewusst anzuschauen. Im Gebet äußert sich das Bedürfnis, Gott im (eigenen) Leben zu suchen und es von Gott her zu gestalten. Damit gehören Gebet und eigenes Leben zusammen. Sehnsüchte und Hoffnungen können hier offen angesprochen werden. Mit dieser Gebetshaltung entwickelt sich eventuell auch außerhalb des Gebets ein Gespür, bewusst den Augenblick zu leben, sich wie im Gebet in eine Tätigkeit zu vertiefen und so zufriedener und glücklicher zu leben. Das Gebet ist der Raum, in dem Gefühle wahrgenommen und offen ausgesprochen werden können. Hier kann auch zur Sprache kommen, was im eigenen Leben belastet. Indem Belastendes benannt werden kann, steht es im Raum und man kann versuchen, anders damit umzugehen. Wenn man es im Gebet vor Gott trägt, wird dieses «geteilte Leid» auch von ihm angeschaut, und gegebenenfalls gelingt es, Schwierigkeiten mit mehr Gelassenheit zu betrachten: Weil mit der Zeit neu erfahren wird, dass zum Leben Höhen *und* Tiefen gehören und dass es trotz allem lebenswert ist.

Eine Annäherung an das Gebet findet auch in der Reflexion über eigene Bedürfnisse im Bezug auf das Gebet statt. Jeder klärt für sich selbst, welche äußeren Umstände für ihn wichtig sind: Wie bete ich? Welche Gebetsorte inspirieren mich? Zu welchem Zeitpunkt am Tag, in der Woche, im Jahr kann ich mich ungestört auf ein Gebet einlassen? Welche Gebetsart ist für mich passend? Welche Gebetsform? Fällt es mir leicht, frei zu formulieren, oder sind vorformulierte Gebete und Meditationen hilfreich für mich? Bete ich lieber für mich allein oder halte ich Beten in Gemeinschaft für die angemessenere Form? Sind die Antworten auf diese Fragen klar, geht es darum, für die entsprechenden Voraussetzungen zu sorgen und den Rahmen für das Gebet zu schaffen. So werden die eigenen Verhaltensweisen (im Gebet) neu mit Leben gefüllt.

Für Kinder ist Beten auch eine religiöse Sprachschule. Die wenigsten von ihnen erwerben heute noch einen religiösen Sprachschatz, mit dem sie ihre Erfahrungen ausdrücken können. Wenn Kinder keine Worte mehr für diese Erfahrungen haben, dann verkümmert ihr religiöses Erleben. Und zugleich ist gerade die Kindheit eine wichtige Zeit, in der sie lernen, Äußeres wahrzunehmen und für sich zu deuten. Wenn ein Kind seine Mama sieht, dann lernt es die Person der Mutter, seine Gefühle und Emotionen mit dem Wort «Mama» zu verbinden. Im Bereich des Religiösen sind Kinder herausgefordert, Ausdrucksformen für das «Nichtfassbare» zu entwickeln: Kinder sollen Gott bezeichnen lernen. Einen Gott, von dem wir glauben, dass er immer da ist und sein wird, den wir aber unmittelbar weder sehen noch fassen können. Gerade beim Beten oder in religiösen Gesprächen oder Geschichten lernen Kinder, Worte für Gott zu finden.

## Das sollen Kinder verstehen

Kinder fragen nach Gott. Sie haben ein natürliches religiöses Interesse. Genau wie die Erwachsenen. Sie wollen wissen, ob er sie beschützt, wo er wohnt und wie man zu ihm spricht. Diese einfachen Fragen gehören zur Entwicklung der Kinder, die unsere Welt entdecken und verstehen wollen. Kinder lernen Religion und damit auch das Beten durch das Tun. Regelmäßige Gebete mit den Eltern haben Beispielfunktion und regen Kinder zum Sprechen mit Gott an. Wichtig ist es hierbei, auf eine natürliche und kindgerechte Sprache zu achten. Kinder erfahren durch die Du-Anrede, dass Gott jemand ist, mit dem es sich zu sprechen lohnt, der immer da ist und dem sie ihr Leben und alles, was sie bewegt, erzählen können. Gott ist sogar jemand, zu dem man reden kann, wenn die Erwachsenen einen nicht verstehen.
Auch für Kinder kann es entlastend und hilfreich sein, zu wissen, dass man nie allein ist: Gott ist da, zu ihm kann ich beten, mit ihm kann ich reden, er ist Teil meines Lebens. Letztlich ist das gemeinsame Beten im Kindesalter eine Befähigung für die Kinder, die Welt genau wahrzunehmen und diese Wahrnehmungen besser zum Ausdruck bringen zu können. Sie erfahren, dass Beten etwas ist, bei dem sie ihr eigenes Leben, d.h. ihre persönliche Erlebnis- und Erfahrungswelt, zur Sprache bringen und damit auch ordnen können. Indem sich das Kind Gott anvertraut, macht es die Erfahrung, dass es sich bei ihm geborgen fühlen kann.

Aber auch, dass er manchmal unerreichbar und weit weg und vor allem nicht der rettende Macher und große Erfüller von Wünschen ist. Als Grundvorstellung sollte Gott als Freund und Vertrauter vermittelt werden, aber auch als der, der anders ist und unvergleichbar mit dem, was auf der Welt existiert.
An die äußeren Zeichen des Gebetes und der Gebetshaltungen sollten Kinder langsam herangeführt werden. Das Kreuzzeichen werden sie schnell nachahmen, dessen Aussage über den christlichen Glauben an einen dreifaltigen Gott aber lange nicht verstehen. Die gefalteten Hände als Ausdruck von Konzentration und Stille können Kinder sicherlich schon erfassen, es sollte aber nicht unbedingt von ihnen abverlangt werden. Grundsätzlich gilt, dass Kinder die Gebetserfahrung als etwas Schönes und Wertvolles erleben sollen und der Rahmen des Gebets sich immer an den kindlichen Bedürfnissen orientiert.

## Wie kann ich mit meinem Kind beten? – neun Empfehlungen

*1. Das Gebet soll kindgerecht sein.*
Wenn wir beten, treten wir mit Gott in Beziehung. Kinder bringen darin ihre Alltagserlebnisse und ihre Anliegen vor Gott und vertrauen sich ihm an. Deshalb sollte das Gebet kindgemäß sein und ihre inneren Bedürfnisse zum Ausdruck bringen. Das Kind beschreibt in seinen Worten, in seiner Sprache, was es momentan bewegt.
*«Du, guter Gott, heute war ein schöner Tag.» (Das Kind erzählt). «Danke, Gott, dass Du immer bei mir bist. Amen.»*

*2. Im Gebet soll der Alltag zur Sprache kommen.*
Es ist völlig in Ordnung, wenn Kinder mit Gott so reden, wie sie es sonst auch tun. Denn Gott ist auch im Alltag da. Bereits formulierte Gebete können da eingesetzt werden, wo es schwerfällt, frei zu sprechen.

*3. Das Gebet soll vom Kind verstanden und persönlich nachvollziehbar sein.*
Deshalb ist es besser auf Gebetsformeln (z.B. «*Lieber Gott mach mich fromm, dass ich in den Himmel komm*») und Floskeln («*gutes Jesulein, liebe Engelein*») zu verzichten, die oft unverständlich, verniedlichend und lebensfern sind.

*4. Im Gebet hat alles seinen Platz.*
Neben Lob und Dank haben auch Bitte und Leid einen festen und natürlichen Platz im Gebet. Dabei ist es wichtig, Kindern zu vermitteln, dass Gott nicht der große Zauberkünstler ist, der alles richten wird. Deshalb ändert Beten allein die Situation nicht. Gott ist auch nicht der, der alles notiert und irgendwann dafür bestraft. Er ist, wie Jesus es gezeigt hat, der gute und liebende Gott.

*5. Das Gebet drückt das Vertrauen auf Gottes Dasein und Hilfe aus.*
Im Gebet spricht das Kind zu Gott wie zu einer vertrauten Person. Und so darf es alles in Worte fassen, was es bewegt.

*6. Das Gebet soll als etwas Schönes und Wertvolles erlebt werden.*
Im Gebet kommt die Liebesbeziehung zwischen Mensch und Gott zum Ausdruck. Das Kind soll erfahren, dass es von Gott angenommen ist, so wie es ist. Und genauso wie es von den Eltern geliebt wird. Eltern können deshalb mit ihren Kindern über ihre gegenseitige Wertschätzung und Beziehung ins Gespräch kommen. Sie können sich über ihre persönliche Gottesvorstellung und was sie wertvoll finden in ihrer Beziehung zu Gott austauschen. Dies sind für das Gebet förderliche Gespräche.

*7. Das Gebet ist keine Erziehungshilfe.*
Es ist nicht sinnvoll, wenn Sie ihr Kind beten lassen: *«Mach, dass ich morgen ganz lieb sein werde.»*
Vielmehr soll das Gebet Freiraum und ein Ort für Erlebtes auch ohne Bewertung sein können.

*8. Das Gebet verbindet.*
Genauso wie sie als Familie gemeinsam leben, können sie auch gemeinsam beten. Überlegen sie sich als Familie, zu welchen Zeiten Sie mit ihren Kindern gemeinsam beten können z.B. bei den Mahlzeiten, am Feierabend oder an Festtagen.

*9. Das Gebet soll lebendig bleiben.*
Sorgen Sie für Abwechslung, damit das, was sie (regelmäßig) beten nicht gedankenlos und aus Gewohnheit dahergesagt wird. Beispielsweise kann jedes Familienmitglied abwechselnd ein Gebet heraussuchen oder selbst formulieren.

## Das können wir miteinander tun

Jeder Tag, jede Woche lässt sich mit immer wiederkehrenden Gebeten strukturieren. Gerade wenn das Gebet keine Sonderrolle im Leben einnimmt, sondern fest im alltäglichen Tagesablauf integriert ist, erfahren Kinder, dass Gott und sein Segen immer bei uns ist.

### *Morgengebet*

Mit einem gemeinsamen Morgengebet kann noch im Bett oder am Frühstückstisch der neue Tag begrüßt werden. In diesem Gebet können der Dank für die Nähe Gottes und die Zuversicht auf seine Begleitung über den Tag besonders zum Ausdruck kommen.

O Gott, du hast in dieser Nacht
so väterlich für mich gewacht.
Ich lob und preise dich dafür
und dank für alles Gute dir.
Beschütze mich an diesem Tag,
dass mir nichts Böses geschehen mag.
*Volksgut*

Ein freudenvolles Morgengebet aus Afrika:
Herr, ich werfe meine Freude
wie Vögel an den Himmel.
Die Nacht ist verflattert,
und ich freue mich am Licht.
So ein Tag, Herr, so ein Tag.
Herr, ich freue mich an der Schöpfung.
Und dass du dahinter bist
Und daneben und davor
Und darüber und in uns.

### *Segensgebet*
In besonderen Situationen, aber auch beispielsweise beim täglichen Aufbruch in den Kindergarten helfen Gebete, dem Tag einen Rhythmus zu verleihen und dem Kind die Gewissheit zuzusprechen, dass Gott immer mit uns ist. Dieser Segen kommt etwa in folgenden Gebeten besonders zum Ausdruck:

Der Herr segne und behüte uns.
Er lasse sein Angesicht über uns leuchten
und sei uns gnädig.
Er schaue auf uns und
schenke uns seinen Frieden.
*nach Numeri 6,24–25*

### *Tischgebet*
Beim Beten vor dem Essen können Sie mit Ihren Kindern verschiedene Gebete erproben. Mit einem Gebetswürfel, mit Gebetskärtchen oder aber mit einem freien Gebet, das beispielsweise so klingen kann:

Lieber Gott wir danken Dir, dass du uns mit diesem Essen am Leben erhältst. Wir wissen, dass nicht alle Menschen genug zu essen haben. Auch an sie denken und für sie bitten wir.

«Klassiker» unter den Tischgebeten sind auch:
Alle guten Gaben,
alles, was wir haben,
kommt o Gott von dir,
wir danken dir dafür.
*Volksgut*

Jedes Tierlein hat sein Essen, jedes Blümlein trinkt von dir, hast auch unser nicht vergessen, lieber Gott wir danken dir.

*Volksgut*

***Abendritual***

In ihrer Wiederholbarkeit geben Rituale Kindern Sicherheit und Verlässlichkeit. Gerade am Abend vor dem Zu-Bett-Gehen, wenn der Tag verabschiedet wird, kann mit Hilfe eines Rituals ein guter Übergang zur Nachruhe geschaffen werden. Kinder stellen sich dann besser und leichter auf die Nacht ein.

Hier finden Sie ein paar Vorschläge und Anregungen für die Gestaltung einer solchen festen Einrichtung im Tagesrhythmus am Beispiel eines Abendrituals. Jede Familie ist anders, und so geht es letztlich darum, die zu ihnen passenden Rituale zu finden. Haben Sie Mut!

Achten Sie auf eine Atmosphäre der Ruhe und Entspannung. Dazu überlegen Sie sich welcher Ort (Wohnzimmer/Sofa oder Kinderzimmer/Bett) und welcher Zeitpunkt (vor/nach dem Essen, bevor/nachdem der Schlafanzug angezogen wurde ...) geeignet sind. Wie kann dieser Ort gestaltet werden? (evtl. eine Kerze entzünden, ein Bild aufstellen ...)

Folgende Elemente sind denkbar und frei kombinierbar:

- ein Abendlied singen, das Vertrauen und Geborgenheit ausdrücken und so zum Gebet werden kann – als ein solches Lied eignet sich beispielsweise «Von allen Seiten umgibst du mich», das auf Seite 94 abgedruckt ist.

- ein Gespräch mit dem Kind über den vergangenen Tag führen und diesen Tag loslassen und Gott anvertrauen etwa mit dem Satz «Und jetzt geben wir den Tag, mit allem was war, in Gottes Hand zurück.»
- eine biblische Geschichte aus einer Kinderbibel oder eine andere Geschichte vorlesen und darüber sprechen.
- ein Gebet sprechen. Anschließend zeichnen die Eltern den Kindern das Kreuzzeichen auf die Stirn «Schlafe nun gut. Im Namen des Vaters und des Sohnes und des Heiligen Geistes.» Dies kann noch verbunden werden mit dem Segnen des Kindes «Gott, der Herr, segne dich und beschütze dich, er schenke dir eine erholsame Nacht, damit du morgen früh gesund und munter aufwachst.»

Das gemeinsame Gebet beim Abendritual kann frei formuliert sein oder in Form eines wiederkehrenden Gebets gesprochen werden:

Bevor der Tag zu Ende geht,
spreche ich mein Nachtgebet.
Danke Gott für jede Gabe,
die ich heute empfangen habe.
Ich bitte Gott für diese Nacht,
dass er mich im Schlaf bewacht.
Dass kein böser Traum mich weckt,
und das Dunkle mich nicht schreckt.
Und kommt der helle Morgenschein,
lass mich wieder fröhlich sein.

*Volksgut*

*Lied: Von allen Seiten umgibst du mich*

2. Dass ich wachse, blühe, reife, dass ich lerne und begreife, bist du, Gott, bei mir.
Dass ich finde, wenn ich suche, dass ich segne, nicht verfluche, bleibst du, Gott, bei mir. Von …

3. Wo ich sitze oder stehe, wo ich liege oder gehe, bist du, Gott, bei mir.
Dass ich dein bin, nicht verderbe, ob ich lebe oder sterbe, bleibst du, Gott, bei mir. Von ...

*Text: Eugen Eckert / Musik: Torsten Hampel © Strube Verlag, München-Berlin.*

*Aus 2-CD «Zweifach», www.habakuk-musik.de*

***Weitere Möglichkeiten von Gebet und Meditation***

Beten kennt keine Grenzen – und religiöse Riten in der Familie können Gebete an wichtigen Ereignissen oder der gemeinsame Gottesdienstbesuch sein. Und zugleich können auch Phantasiereisen und Stilleübungen Kinder und Erwachsene dazu einladen, ihre Freude und Hoffnung, ihre Trauer und Angst vor Gott zu bringen.

## Schlussimpuls für Eltern

Als mein Gebet immer andächtiger
und innerlicher wurde,
da hatte ich immer weniger und weniger zu sagen.
Zuletzt wurde ich ganz still.
Ich wurde, was womöglich ein größerer Gegensatz zum Reden ist,
ich wurde ein Hörer.
Ich meinte erst, Beten sei Reden.
Ich lernte aber,
dass Beten nicht nur Schweigen ist,
sondern Hören.
So ist es: Beten heißt nicht,
sich selbst reden hören,
beten heißt, still werden und still sein
und warten, bis der Betende Gott hört.

*Sören Kierkegaard*

## Buchempfehlungen

*Albert Biesinger,* Verbinde dich mit dem Himmel. Ein Geschenkbuch für Kinder, München 2007.

*Albert Biesinger / Edeltraud und Ralf Gaus,* Warum müssen wir sterben? Wenn Kinder mehr wissen wollen, Freiburg i.Br. 2008.

*Thomas Dienberg,* Einlassen. Die christliche Kunst des Betens, Stuttgart 2006.

*Heiderose Gärtner,* O Gott, mein Kind will beten! München 2002.

*Erwin Groschen / Dagmar Geisler,* Du bist für uns da. 250 Kindergebete, Stuttgart 2007.

*Margot Käßmann (Hg.),* Fünf Minuten mit dem lieben Gott. 365 Andachten für Kinder und die ganze Familie, Neukirchen-Vluyn 2008.

*Annette Langen,* Kinderbibel in 5-Minuten-Geschichten, Freiburg i.Br. 2009.

*Angela Weinhold,* Wieso? Weshalb? Warum? Unsere Religionen, Ravensburg 2008.

*Elie Wiesel,* Macht Gebete aus meinen Geschichten, Freiburg i.Br. 1986.

## Dank

Die Autoren danken der Theologin Simone Hiller für die redaktionelle Mitarbeit.